schwerpunkt MANAGEMENT
Professionelle Personalarbeit und Organisationsentwicklung

Michael Fischer
Pedro Graf

Coaching

Öffentlicher Dienstleistungsauftrag

Externe Beratungsleistungen — Organisation — Lebenskontext, Bedarf

Coach ↔ **Führungkraft** ↔ **MitarbeiterIn** ↔ **KlientInnen**

Beratungskontext 3
Führungskräftecoaching als Qualifizierung der Führungstätigkeit

Beratungskontext 2
Mitarbeitercoaching als Teil der Führungsaufgaben

Beratungskontext 1
Soziale Dienstleistung

Gestaltung von Reflexions- und Lernprozessen

Ein Fernworkshop

Basistexte • Computergrafiken • Checklisten für

STUDIUM & BERUF

Fischer, Michael:
Coaching : ein Fernworkshop / Michael Fischer ; Pedro Graf. - 2., überarb. Aufl.. - Augsburg : ZIEL, 2000
  (Schwerpunkt Management)
  ISBN 3-934 214-58-4

Verlag	ZIEL – Zentrum für interdisziplinäres erfahrungsorientiertes Lernen GmbH Neuburger Straße 77, 86167 Augsburg 2. überarbeitete Auflage Oktober 2000
Wissenschaftliche Beratung und Lektorat	Prof. Dr. Gotthart Schwarz
Grafiken und Umschlaggestaltung	Michael Fischer Kessler Verlagsdruckerei
Satz und Layout	alex media, Gierstorfer & Ferstl GbR Neuburger Straße 77, 86167 Augsburg
Druck und buchbinderische Verarbeitung	Kessler Verlagsdruckerei Michael-Schäffer-Straße 1, 86399 Bobingen

Alle Rechte vorbehalten. Kein Teil dieses Buches darf in irgendeiner Form (Druck, Fotokopie oder einem anderen Verfahren) ohne schriftliche Genehmigung der ZIEL GmbH reproduziert oder unter Verwendung elektronischer Systeme verarbeitet, vervielfältigt oder verbreitet werden.

ISBN 3-934 214-58-4

INHALTSVERZEICHNIS Seite

Vorwort 10

1. TAG 12

VORMITTAG: EINFÜHRUNG IN DEN WORKSHOP 12

1.1	Begrüßung und Einführung in das Thema	12
1.2	Vorstellung und Erwartungssammlung	15
1.3	Programmüberblick	17
1.4	Einführungsreferat: Zu den gesamtgesellschaftlichen Rahmenbedingungen – oder: Wie sollen wir mit den Strukturen von gestern und den Methoden von heute die Probleme von morgen lösen?	19
1.4.1	In den Strukturen von gestern?	20
1.4.2	Mit den Methoden von heute?	22
1.4.3	...und den Menschen von heute?	24
1.4.4	Die Probleme von morgen lösen?	25
1.4.5	Was tun?	26

NACHMITTAG: DIE SYSTEMISCHE SICHT VON ORGANISATIONEN 29

1.5	Übung: Organisationskulturen	29
1.6	Referat: Eine Reise in das Land der Organisationen	32
1.6.1	Zur Klärung des Begriffs „Organisation" oder: Eine Organisation hat eine Organisation und realisiert sich durch eine Organisation	32
1.6.2	Die Konstruktion von Wirklichkeiten – oder: Das Land, das neu entsteht, wenn wir es betreten...	36
1.6.3	Organisationen als triviale Maschinen	40
1.6.4	Zur Rationalität in Organisationen	42
1.6.5	Zur Planbarkeit von Organisationen	45
1.6.6	Organisationen als nicht-triviale Maschinen	46
1.6.7	Organisationen als soziale Systeme	49
1.7	Geschichten zum Abschluß des Tages	52

2. TAG 57

VORMITTAG: STEUERN UND FÜHREN IN ORGANISATIONEN 57

2.1	Reflexion des Vortages	57
2.2	Referat: Wie steuern wir komplexe soziale Systeme – oder: Der mit dem System tanzt	58
2.2.1	Das Dilemma der Komplexität und seine Bewältigung	61
2.2.2	Grundsätze eines systemischen Managements	66

2.2.3	Erforderliche Schlüsselqualifikationen	69
2.2.4	Leitlinien zur organisatorischen Umsetzung	70
2.2.5	Ein systemisches Konzept von Führung	72
2.3	Angeleitete Selbstreflexion zum Thema: „Führen und Geführt werden"	74

NACHMITTAG: WAS IST „COACHING"?

2.4	Referat: Coaching – Sportives Training, Therapie oder was sonst?	79
2.4.1	Warum Coaching?	79
2.4.2	Was ist Coaching?	87
2.4.3	Coaching für wen und durch wen?	91
2.4.4	Supervision und Coaching	93
2.5	Gruppenarbeit zum Thema	95

3. TAG 99

VORMITTAG: KONTEXT UND KONTRAKT IM COACHING   99

3.1	Warming up	99
3.2	Thematischer Einstieg	100
3.2.1	Leitideen eines systemischen Coachings	100
3.2.2	Die allgemeine Bedeutung des Kontextes	102
3.3	Die Führungskraft als Coach	104
3.3.1	Der Kontext und seine Klärung	104
3.3.2	Der Kontrakt zwischen Coach und Coachee	106
3.3.3	Ein Fallbeispiel	110

NACHMITTAG: FORTSETZUNG   114

3.4	Die externe BeraterIn als Coach des Coach	114
3.4.1	Der Kontext und seine Klärung	114
3.4.2	Der Kontrakt	122
3.4.3	Abschlußübung	126

4. TAG 127

VORMITTAG: SYSTEMISCHE STRATEGIEN UND TECHNIKEN IM COACHING   127

4.1	Muster erkennen – Hypothesen bilden – Intervenieren	127
4.2	Die Perspektive wechseln	133
4.3	Konflikte konstruktiv bearbeiten	137

NACHMITTAG: FORTSETZUNG

4.4	Die richtigen Worte wählen: Wertschätzen – positiv konnotieren und reframen	139
4.5	Lösungen suchen und finden	142
4.6	Abschlußreflexion	147

5. TAG   149

VORMITTAG: ZUSAMMENFASSUNG UND AUSBLICK   149

5.1	Kurzreferat: Haltungen und Prinzipien des systemischen Coachings	149
5.1.1	Systemische Haltungen	150
5.1.2	Handlungsleitende Prinzipien	153
5.1.3	Reflexion und Diskussion	153
5.2	Back-home Übung	156
5.3	Auswertung/Feedback	157

Die Autoren   **159**

Übersicht der Schaubilder, Grafiken und Tabellen

Abb. 1   Coaching – oder: Die drei Schwäne
Abb. 2   Drei Beratungskontexte
Abb. 3   Der Workshop ist ein Erfolg, wenn ...
Abb. 4   Wochenprogramm
Abb. 5   Organisationsstruktur von „Dinosauriern"
Abb. 6   Organisationsstruktur „kleiner Säugetiere"
Abb. 7   Schritte zur lernenden Organisation
Abb. 8   Drei Grundformen von Organisationskulturen
Abb. 9   Schema „Organisationskulturen"
Abb. 10 Merkmale einer Organisation
Abb. 11 Kippbild „Einstein oder Badenixen"
Abb. 12 Vorstellungen – Handlungen – Beziehungen
Abb. 13 Wechselbeziehung Mitglied/Beobachter – Organisation
Abb. 14 Die sich zeichnenden Hände
Abb. 15 Wirklichkeitsbilder
Abb. 16 Ursache – Wirkung
Abb. 17 Konzept der trivialen Maschine
Abb. 18 Der Eisberg
Abb. 19 Die nicht-triviale Maschine
Abb. 20 Einfache und komplexe Systeme
Abb. 21 Familie als Soziales System
Abb. 22 Organisation als Soziales System
Abb. 23 Merkmale komplexer sozialer Systeme
Abb. 24 Der mit dem System tanzt
Abb. 25 Tangotänzer
Abb. 26 Navigieren beim Driften
Abb. 27 Abraham Lincoln
Abb. 28 Hypothese – Intervention – Feed-back
Abb. 29 Grundsätze eines systemischen Managements
Abb. 30 Problemlösen durch Versuch und Irrtum
Abb. 31 Der neue Management – Kreis
Abb. 32 Schlüsselqualifikationen im Management
Abb. 33 Leitlinien für eine systemische Neuordnung und Weiterentwicklung von Organisationen
Abb. 34 Ein systemisches Konzept von Führung
Abb. 35 Auswertungsschritte zur Gedanken-Reise
Abb. 36 Methodische Empfehlungen für die Übung „Gedanken-Reise"
Abb. 37 Fünf Disziplinen der lernenden Organisation (nach Peter Senge)
Abb. 38 Checkliste Lernprozesse
Abb. 39 Integrative Personalentwicklung
Abb. 40 Unsere Definition von Coaching
Abb. 41 Coaching als Personalentwicklung
Abb. 42 Der Lernzyklus im Coaching
Abb. 43 Die 2 Formen von Coaching
Abb. 44 Inhalte des Mitarbeiter-Coaching
Abb. 45 Inhalte des Führungskräfte-Coaching
Abb. 46 Stufen des Lernens – Ebenen der Persönlichkeit

Übersicht der Schaubilder, Grafiken und Checklisten

Abb. 47	Orientierungspunkte für den Coaching-Prozeß
Abb. 48	Vorgehensweise im Coachingprozeß
Abb. 49	Ablauf des Coachings
Abb. 50	Grundsätze des Coaching-Prozesses
Abb. 51	Parameter des Mitarbeitercoachings
Abb. 52	Elemente des Coaching-Kontraktes
Abb. 53	Mitarbeiter-Ist-Analyse
Abb. 54	Leitfaden für das Kontraktgespräch
Abb. 55	Coaching-Kontrakt
Abb. 56	Kontextfaktoren
Abb. 57	Kontext-Fragen zur Dienstleistung, zu den KundInnen
Abb. 58	Kontext-Fragen zu den Außenwelt-Beziehungen
Abb. 59	Kontext-Fragen zur Inneren Kultur
Abb. 60	Kontext-Fragen zu den Tätigkeitsbereichen
Abb. 61	Kontext-Fragen zur Führung
Abb. 62	Kontext-Fragen zu den MitarbeiterInnen
Abb. 63	Kontext-Fragen zur Besprechungs- und Entscheidungskultur
Abb. 64	Kontext-Fragen zu Wechselwirkungen und Mustern
Abb. 65	Zentrale Aspekte eines Coaching-Prozesses
Abb. 66	Muster erkennen – Hypothesen bilden – Intervenieren
Abb. 67	Aufstellung oder Skulptur
Abb. 68	Gespräch mit „stützenden Partnern"
Abb. 69	Vom Problem zur Lösung
Abb. 70	Prinzipien des Lösungsorientierten Coachings
Abb. 71	Lösungsorientierte Beratung
Abb. 72	Überprüfbare Zielformulierungen
Abb. 73	Abschluß-Fragestellungen
Abb. 74	Die Ableitung systemischer Techniken
Abb. 75	Back-home Fragen

Vorwort zur 1. Auflage

Das Buch, das *Michael Fischer* und *Pedro Graf* hiermit vorlegen, bietet den LeserInnen dieser Management-Reihe eine unter mehreren Aspekten ebenso interessante wie weiterführende Lektüre. Zum einen ergänzt es die vorliegenden Publikationen um einen wichtigen und vielfach diskutierten Themenschwerpunkt – das Coaching -, das sich in den Köpfen vieler Management-Theoretiker und einer steigenden Zahl professioneller BeraterInnen immer mehr zu einer Leitphilosophie und zielführenden Strategie entwickelt. Schaut man auf die neueren Veröffentlichungen, so läßt sich bezüglich ihrer inhaltlichen Botschaften ein Trend beobachten, der von den umfassenden Umstrukturierungs-, Neustrukturierungs- und Reengineerungskonzepten in den 80er und frühen 90er Jahre weg- und zu differenzierteren Konzepten der Organisations- und Personalentwicklung hinführt. Von der anfangs ebenso lautstark wie selbstgewiß propagierten „Radikalkur für Unternehmen" (*Hammer, Champy* 1993) mit ihren massiven und sozial unsensiblen Thesen über die selbstkritisch reflektierende „lernende Organisation" (*Sattelberger* 1994, *Senge* 1990) hin zum „Coaching für die Praxis" (*Whitmore* 1996) läßt sich ein Entwicklungsstrang und Perspektivenwechsel beobachten. Manager sollen nicht mehr nur die kompetenten, sachlichen und energischen Technokraten sein, sondern auch phantasievoll inspirierende Künstler und gleichzeitig hart arbeitende, zuverlässige und realistische Handwerker (*Pitcher* 1997). Management verlangt viele Talente, und welche jeweils bevorzugt gefordert werden, hängt von dem wirtschaftlichen, politischen und sozialen Umfeld ab, in dem das Unternehmen (die Organisation) steht und ist nicht immer leicht zu entscheiden. Gesamtgesellschaftliche Rahmenbedingungen spielen auch in Fragen des Coachings und seiner erhofften Erfolge eine ausschlaggebende Rolle. *Michael Fischer* und *Pedro Graf* weisen auf diesen für das Grundverständnis von Management in allen Publikationen dieser Reihe tragenden Zusammenhang mehrfach und ausdrücklich hin.

Seinen sprachlichen Ursprung hat der Begriff „Coaching" im Leistungssport, wo er soviel wie „Anweisungen und Tips geben", „trainieren" und „einpauken" bedeutet. Der Coach feuert oder wird gefeuert (in der Regel nicht ohne „goldenen Handschlag", d.h. eine beträchtliche Ablösesumme) – wir übrigen kennen den Vorgang lediglich aus den Bundesliganachrichten oder Managementetagen der Großunternehmen. Diesem populären Verständnis (oder Mißverständnis) setzen die Autoren ihr Konzept der drei Gestaltungsebenen von Führung entgegen:

➢ *Leading* i. S. von führen, Ziele setzen, Orientierung geben, entscheiden, Risiken eingehen und Verantwortung übernehmen, kontrollieren und Rechenschaft fordern;
➢ *Coaching* i. S. von anleiten und beraten, fördern und befähigen, motivieren und begeistern, moderieren und integrieren, koordinieren und Synergie fördern;
➢ *Organizing*, verstanden als Gestaltung der notwendigen Strukturen und Rahmenbedingungen für das Unternehmen/die Organisation.

Vorwort

Coaching ist somit ein wichtiges Element in einem „systemischen" Gesamtzusammenhang der Unternehmensführung durch eine aktive Organisations- und Personalentwicklung. Es dient der
- Weiterentwicklung von Führungskräften,
- der Förderung von MitarbeiterInnen in ihrer beruflichen und persönlichen Entwicklung,
- sowie der Entwicklung und Zukunftssicherung der Organisation, des Unternehmens.

Und die Aufgaben des Coach gehen für *Fischer/Graf* weit über das Anforderungsprofil an einen sportiven „Coach-Trainer" hinaus. Sportliche und mentale Trainingsmethoden oder verkürzte „Trimm-dich-Konzepte", die die Menschen schlicht nur „fit machen" sollen für ihre komplexeren Aufgaben und Anforderungen, reichen nicht aus. Es geht aber auch nicht um die Behebung von persönlichen, psychischen Störungen „auf der Couch", wie manche AutorInnen und PraktikerInnen zu glauben scheinen. Die Couch ist für die privaten Probleme zuständig, der Coach für die berufs- und arbeitsweltbezogenen. Coaching, so definieren *Fischer/Graf* ihr systemisches Verständnis ist
- eine personenorientierte Förderung von Menschen in ihrer professionellen Rolle und dem jeweiligen Arbeits- und Aufgabenkontext;
- eine Mischung von prozeßbegleitender Beratung, zielorientierter Anleitung und handlungsorientiertem Training;
- und ein Instrument integrativer Personalentwicklung, die versucht, Leben und Arbeit optimal zu verzahnen.

Den dritten Schwerpunkt ihrer Überlegungen, – neben den theoretischen Grundgedanken und konzeptionell-fachlichen Ausführungen – legen die Autoren, die beide über langjährige Erfahrungen als Berater verfügen, auf den methodischen Kontext der von den TeilnehmerInnen zu leistenden Lern- und Veränderungsprozesse. Die LeserInnen werden eingeladen, an einem „Fernworkshop" von fünf Tagen mit einer Fülle von praktischen Übungen, „Gedanken-Reisen", Reflexionsphasen, Brain stormings etc. teilzunehmen und die Lektüre des Buches zu einer aktiven Mitarbeit und einem intensiven selbstorganisierten Lernprozeß zu gestalten. Wie diese konzeptionell, methodisch und didaktisch schwierige Aufgabe angefaßt und durchgeführt wird, wird die LeserInnen in Spannung setzen. Und ihr Urteil ist gefragt, ihre konstruktiven Verbesserungsvorschläge, die sie in den Prozeß des Lesens und Lernens einbringen, sind ein wichtiger Beitrag zur Erprobung und Verbesserung des hiermit ihnen anvertrauten Bandes.

Gotthart Schwarz   München, im Juni 1998

1. TAG

VORMITTAG: EINFÜHRUNG IN DEN WORKSHOP

1.1. Begrüßung und Einführung in das Thema

> Liebe LeserInnen und TeilnehmerInnen!
> Herzlich willkommen zu unserem „Fernworkshop"!

Diese Bezeichnung steht für unseren Versuch, eine schriftliche Veröffentlichung, bzw. ein „Lehrbuch" mit Elementen einer Trainings- und Weiterbildungsveranstaltung zu verbinden.

Und wir möchten dieses Experiment dazu benutzen, Ihnen eine Form der Mitarbeiterführung und Leitungsberatung zu vermitteln, für die sich in Manager- und Beraterkreisen immer mehr die Bezeichnung „coaching" einbürgert.

Dabei leitet uns eine dreifache Absicht:

An Ihren praktischen Erfahrungen anknüpfen
- in erster Linie möchten wir möglichst direkt an Ihren praktischen Erfahrungen als LeiterInnen und BeraterInnen anknüpfen und auf Ihren Wunsch nach Optimierung Ihres beruflichen Handelns und nach Erweiterung Ihrer Verhaltensmöglichkeiten eingehen, den Sie für uns mit dem Erwerb dieses Buches zum Ausdruck gebracht haben;

Systemische Sicht- und Vorgehensweise
- zweitens möchten wir Ihnen eine „systemische" Sicht- und Vorgehensweise nahezubringen, die wir angesichts einer wachsenden Komplexität und eines beschleunigten Wandels sozialer Beziehungen und Strukturen als besonders hilfreich bei der Bewältigung von Führungs- und Beratungsaufgaben ansehen;

Beitrag zur notwendigen Reform der sozialen Dienste
- und schließlich möchten wir damit indirekt auch einen Beitrag zur notwendigen Reform und Effizienzsteigerung der sozialen Dienste in unserem Lande leisten und damit das Grundanliegen der Reihe unterstützen, in welcher dieser Werkstattbericht erscheint.

Zwei Zielgruppen
Unser Angebot richtet sich daher vorrangig an die folgenden zwei Zielgruppen, die wir hier als TeilnehmerInnen bzw. LeserInnen besonders herzlich willkommen heißen:

Führungskräfte
- zum einen an Führungskräfte in Einrichtungen und Institutionen des Sozial-, Bildungs- und Gesundheitswesens, die MitarbeiterInnen zu führen und deren Tätigkeit zu koordinieren haben;

BeraterInnen
- zum anderen an interne und externe BeraterInnen, die MitarbeiterInnen und insbesondere Führungskräften aus diesen Bereichen als FortbildnerInnen, FachberaterInnen, SupervisorInnen und „Coaches" zur Verfügung stehen.

Einführung in den Workshop

Gestatten Sie uns hierzu eine kleine Geschichte, die wir *Bernd Schmid* (1987:22) verdanken:

Drei Schwäne

Zwei Freunde sitzen an einem lauen Sommerabend an einem See, da steigt ein wunderschöner, weißer Schwan auf. Der eine Freund sagt zum anderen: „Ach, wäre ich jetzt gerne auch ein Schwan und könnte fliegen..." Darauf, nach einer kurzen Pause, der andere: „Weißt Du was? Ich wäre noch lieber gleich zwei Schwäne, dann könnte ich fliegen und mir beim Fliegen zuschauen..." Schließlich, nach einer etwas längeren Pause, der erste: „Und ich fände es noch schöner, ich wäre drei Schwäne, dann könnte ich fliegen und mir beim Fliegen zuschauen und sogar dabei zuschauen, wie ich mir beim Fliegen zuschaue..."

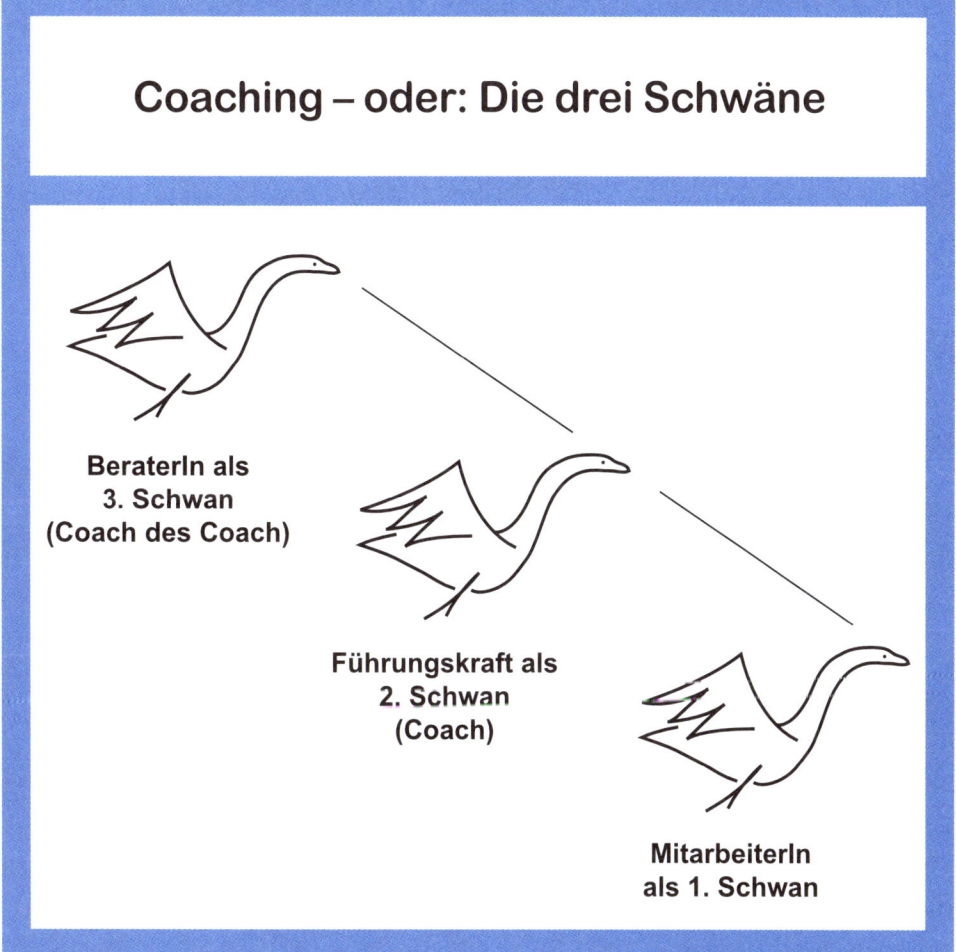

Abb. 1

Mehrere Schwäne zugleich können wir leider nicht sein. Aber Sie, liebe TeilnehmerInnen, sind lauter zweite bzw. dritte Schwäne: Die Führungskräfte unter Ihnen helfen Ihren MitarbeiterInnen durch Ihr Feedback, Ihre konstruktive Kritik und Ihre Ermutigung dazu, ihre Arbeit zu verbessern. Und die BeraterInnen unter Ihnen unterstützen Führungskräfte durch Reflexionshilfe bei dieser Aufgabe.

Drei Kontexte von Beratung

Ja, wenn wir uns den Gesamtkontext unseres gemeinsamen Vorhabens anschauen, dann ist die Sache sogar noch komplexer: denn da die MitarbeiterInnen, die die Führungskräfte unter Ihnen zu leiten haben, ihrerseits Klienten unterstützen und beraten, sind diese MitarbeiterInnen selber zweite Schwäne und Sie, als ihre Vorgesetzen eigentlich dritte Schwäne, während die BeraterInnen unter Ihnen sie als vierte Schwäne begleiten: D. h. wir haben es hier mit drei Ebenen und Kontexten von Beratung zu tun:

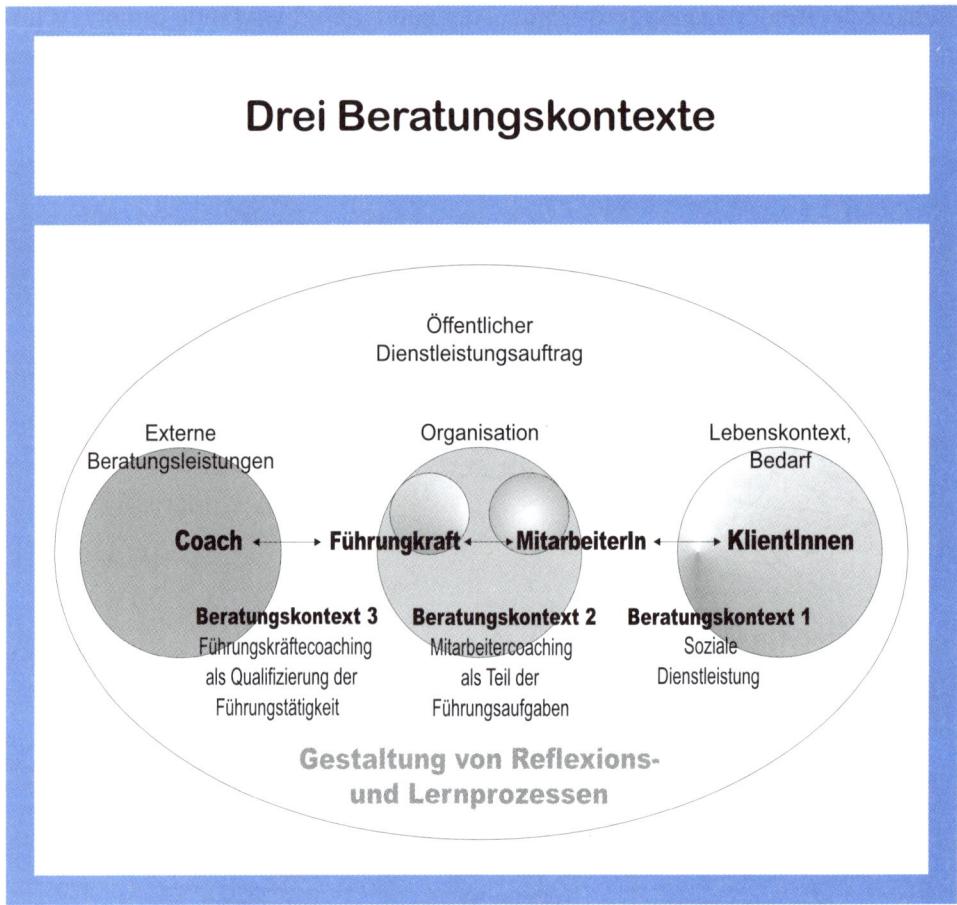

Abb. 2

Und wir als die Verfasser dieses „Fernworkshops" versuchen, uns zu fünften Schwänen aufzuschwingen!

Chancen unterschiedlicher Perspektiven und Sichtweisen nutzen

Daß diese Stufen für uns keinesfalls immer eine Hierarchie der Weisheit bilden, sondern uns vor allem die Chance bieten, unterschiedliche Perspektiven für die Reflexion und Erweiterung eigener Sichtweisen zu nutzen, wird Ihnen deutlich werden, wenn wir Ihnen später unsere systemische Sichtweise näher erläutern.

Wir erhoffen uns daher von einer (wenn hier auch nur gedachten) Begegnung unserer beiden Teilnehmer- bzw. Lesergruppen eine wechselseitige Anregung und Bereicherung

Einführung in den Workshop

- indem die Führungskräfte unter Ihnen sowohl Hilfen für die konkrete Gestaltung ihrer Leitungsaufgaben erhalten, als auch Hinweise darauf, welche Formen fachlich qualifizierter Unterstützung Sie sich hierzu bei Bedarf holen können,
- während die BeraterInnen unter Ihnen einen Einblick in die Anforderungen und Fragestellungen ihrer potentiellen KundInnen und eine Erweiterung ihres beraterischen know-hows geboten bekommen.

Denn diese beiden Gruppen spiegeln zugleich die doppelte Bedeutung des Begriffs „coaching", wie er uns in der aktuellen Management- und Beratungsliteratur und -praxis begegnet. Er wird nämlich benutzt,

Zwei Bedeutungen von Coaching

- sowohl für die Anleitung, Unterstützung und Beratung von MitarbeiterInnen durch Führungskräfte und interne Personalentwickler,
- wie auch für die Reflexionshilfe und berufliche Weiterentwicklung dieser Führungskräfte selbst durch (interne oder externe) BeraterInnen.

1.2 Vorstellung und Erwartungssammlung

Wir möchten uns Ihnen kurz vorstellen:

Michael Fischer: Ich habe Sozialpädagogik mit dem Schwerpunkt Jugend- und Erwachsenenbildung studiert. Nach dem Studium habe ich im Münchner Norden in einer Notunterkunft mit Jugendlichen und deren Familien gearbeitet mit dem Ziel, einen Beitrag zur berufliche Integration dieser Jugendlichen zu leisten. In dieser Zeit (Anfang bis Mitte der 80er Jahre) begann ich im Rahmen dieser Tätigkeit mit dem Planen und Durchführen von Bildungsmaßnahmen, was den Wechsel in die Erwachsenenbildung vorbereitet hat. Mit einer Supervisorenausbildung und dem Einstieg in die Freiberuflichkeit hat sich dieser Wechsel dann vollzogen. Heute bin ich als freiberuflicher Coach, Supervisor und Organisationsberater in unterschiedlichen Feldern des öffentlichen und privatwirtschaftlichen Sektors tätig.

Viele Anregungen und Handwerkszeug für meine Arbeit habe ich im einer systemtherapeutischen Zusatzausbildung bekommen und seither sind systemische Konzepte ein wichtiger Hintergrund meiner Arbeit. Inhaltlich beschäftigt mich die Frage, wie das Einleiten und Gestalten von Veränderungsprozessen sowohl Individuen als auch größeren Systemen gelingen kann, und wie die damit verbundenen notwendigen Krisen bewältigt werden können. Ich hoffe mit meiner Arbeit Personen und Organisationen in ihren Veränderungsprozessen ein nützlicher Dienstleister sein zu können.

Pedro Graf: Ich bin von meiner Ausbildung her Jurist und Politologe und habe eine Zusatzausbildung in Systemischer Therapie und Organisationsberatung gemacht. Hauptberuflich bin ich an einer Fachhochschule in der Ausbildung von SozialpädagogInnen tätig und arbeite nebenbei freiberuflich als Supervi-

Einführung in den Workshop

sor und Organisationsberater sowie in der beruflichen Weiterbildung für Soziale Berufe. Mich fasziniert die Aufgabe, berufliche Reflexionsprozesse anzuleiten und dabei den Respekt vor unterschiedlichen Temperamenten und Sichtweisen sowie die Fähigkeit und Bereitschaft zu konstruktiver Konfliktlösung zu fördern und dadurch kreative Energien in Teams und Organisationen zu wecken.

Leider können Sie sich uns als KäuferInnen und LeserInnen dieses Buches nicht vorstellen. Wir gehen aber davon aus, daß die Mehrheit von Ihnen in öffentlichen oder öffentlich geförderten Einrichtungen des Bildungs-, Gesundheits- oder Sozialwesens als Führungskräfte tätig sind, oder in einer dieser Organisationen mit Aufgaben der Fort- und Weiterbildung und der fachlichen Beratung von MitarbeiterInnen, sowie der Personal- und Organisationsentwicklung betraut sind, und daß mehrere von Ihnen freiberuflich als SupervisorInnen, Team- und OrganisationsberaterInnen arbeiten und ihre Dienste schwerpunktmäßig in den o. g. Bereichen anbieten.

Darüber hinaus wird es unter Ihnen sicherlich auch einige „Zaungäste" aus dem gewerblich-industriellen Bereich und aus dem Bereich privatwirtschaftlicher Dienstleistungen geben, über deren Interesse wir uns ebenso freuen.

Bei unseren Fortbildungen und Beratungen stellen wir im Anschluß an die Begrüßung und Einführung in der Regel die Frage:

Erfolgsfrage

> **Woran würden Sie am Ende dieser Veranstaltung merken daß sie sich für Sie gelohnt hat (bzw. Ihnen nützlich war)?"**

Und wir sammeln die Antworten (je nach Gruppengröße) entweder im Rundgespräch oder auf Kärtchen, die wir anschließend an die Pinwand heften und ordnen. Damit haben wir eine gute Grundlage, um unser Angebot und die Erwartungen unserer TeilnehmerInnen bzw. KundInnen aufeinander abzustimmen und so zu einer konkreten Vereinbarung über die weitere Zusammenarbeit zu kommen.

Da wir für diesen Fernworkshop keine direkte Rückmeldung von Ihnen einholen konnten, haben wir in einem brain-storming unsere Vermutungen über mögliche Antworten von Ihnen gesammelt.

Diese lauten:

> **Der Workshop ist ein Erfolg, wenn**
> mir/uns:
> ❏ der Begriff „Coaching" klarer geworden ist;
> ❏ die Abgrenzung zu anderen Beratungsformen (Supervision und Organisationsberatung) klarer ist;

Einführung in den Workshop

- ☐ die Ziele, Möglichkeiten und Grenzen von „Coaching" deutlich wurden;

- ☐ konkrete Strategien und Techniken des Coachings vermittelt wurden;

- ☐ Antworten und Lösungsmöglichkeiten für schwierige Situationen in unserem beruflichen Alltag als Führungskräfte aufgezeigt wurden;

- ☐ in der Komplexität unseres Führungsalltags ein besserer Durchblick ermöglicht wurde;

- ☐ als BeraterInnen von Führungskräften Anhaltspunkte geliefert wurden, wann welche Intervention hilfreich ist;

- ☐ beraterisches Handwerkszeug vermittelt wurde;

- ☐ der gesellschaftliche und organisatorische Hintergrund von „Coaching" sichtbar wurde.

- ☐ ....

- ☐ ....

Liebe LeserInnen!

Falls in diesem Katalog von Erwartungen welche fehlen, die Ihnen wichtig sind, bitten wir Sie, diese hinzuzufügen und die einzelnen Erwartungen je nach deren Bedeutung für Sie zwischen 1 und 3 zu gewichten.

Abb. 3

1.3 Programmüberblick

Ausgehend von Ihren vermuteten Erwartungen haben wir für Sie das folgende Programm entwickelt: (Vgl. Abb. 4 nächste Seite).

1. Tag
Gleich im Anschluß möchten wir Ihnen in einer knappen Skizze aufzeigen, welchen Herausforderungen wir die Einrichtungen des Sozial- und Gesundheitswesens zur Zeit ausgesetzt sehen, wie unzureichend uns ihre Organisationsstrukturen bisher für diese Herausforderungen gerüstet erscheinen und welche Veränderungen wir dazu als notwendig erachten, - Veränderungen, zu denen auch das Coaching unseres Erachtens einen nicht unwesentlichen Beitrag leisten kann. Am Nachmittag laden wir Sie dann ein, die Wirklichkeit der Organisationen, in denen Sie tätig sind und die Sie mitgestalten, mit einer systemischen Brille zu betrachten und dabei vielleicht neu zu entdecken.

Einführung in den Workshop

Wochen-Programm

1. Tag	2. Tag	3. Tag	4. Tag	5. Tag
Vormittag	**Vormittag**	**Vormittag**	**Vormittag**	**Vormittag**
Einführung	**Steuern und Führen in Organisationen**	**Kontext und Kontrakt im Coaching**	**Systemische Strategien und Techniken im Coaching**	**Zusammenfassung und Ausblick**
Begrüßung und Einführung in das Thema — Vorstellung und Erwartungssammlung — Programmüberblick — Einführungsreferat: Zu den gesamtgesellschaftlichen Rahmenbedingungen	Reflexion des Vortages — Referat: Wie steuert man komplexe soziale Systeme? — Reflexion zum Thema: Führen und Geführt werden	Warming up thematische Einführung — Die Führungskraft als Coach — Kontextklärung und Kontraktgespräch	Hypothesen bilden — Perspektive wechseln — Konflikte bearbeiten	Prinzipien und Haltungen des systemischen Coachings — Back-home – Übung — Auswertung Feed-back
Nachmittag	**Nachmittag**	**Nachmittag**	**Nachmittag**	
Die systemische Sicht von Organisationen	**Was ist Coaching?**	**Fortsetzung vom Vormittag:**	**Fortsetzung vom Vormittag:**	
Übung: Organisationskulturen — Referat: Eine Reise in das Land der Organisationen — Geschichten zum Abschluß	Referat: Coaching – Sportives Training, Therapie oder was sonst? — Gruppenarbeit: Inhalte von Coaching	BeraterInnen als Coach des Coach — Kontextklärung und Kontraktgespräch — Abschlußübung	Wertschätzen, positiv konnotieren, reframen — Lösungen suchen und finden — Abschlußreflexion	

Abb. 4

Einführung in den Workshop

2. Tag
Morgen vormittag suchen wir eine Antwort auf die Frage, wie die immer komplexere Wirklichkeit von Organisationen noch wirksam gesteuert werden kann und welches Verständnis von Führung sich daraus ergibt. Und nachmittags versuchen wir dann, den Begriff des „Coachings" als Führungsaufgabe und als Beratungsform näher zu bestimmen, zu klären und abzugrenzen.

3. Tag
Der dritte Tag dient einer praxisbezogenen Erläuterung der beiden unterschiedlichen Grundformen von Coaching, dem Coaching von MitarbeiterInnen durch Führungskräfte und dem Coaching von Führungskräften durch (meist externe) BeraterInnen.

4. Tag
Am vierten Tag werden verschiedene systemische Strategien und Techniken des Coachings dargestellt und geübt.

Letzter Tag
Der Vormittag des letzten Tages dient einer Zusammenfassung unter dem Aspekt der Grundsätze und Haltungen, die in einem systemisch orientierten Coaching zum Tragen kommen, dem Transfer des Gelernten in Ihre berufliche Praxis und der Auswertung des Workshops.

1.4. Einführungsreferat: Zu den gesamtgesellschaftlichen Rahmenbedingungen unseres Themas – oder: Wie sollen wir mit den Strukturen von gestern und den Methoden von heute die Probleme von morgen lösen?

Stellen Sie sich vor, Sie betreten am Montagmorgen Ihren Betrieb, Ihre Firma, Ihre Institution. Bleiben Sie kurz im Eingang stehen, sehen Sie sich um. Kommt Ihnen Ihre Organisation eher vertraut oder eher fremd vor? Oder genauer, welche Teile kommen Ihnen sehr vertraut, welche eher fremd vor?

Fragen Sie sich (selbstverständlich nur im Stillen):

- ☐ Ist dem Management klar, welche Veränderungen auf Ihre Organisation in den nächsten Jahren zukommen?
- ☐ Bestehen Konzepte, die von allen geteilt werden und die auf diese Veränderungen plausible Antworten parat haben?
- ☐ Wird über die Zukunft und über notwendige Veränderungen in Ihrer Organisation ausreichend auf allen Ebenen so kommuniziert, daß ein Bewußtsein entstehen kann, wir sitzen in einem Boot?
- ☐ Wird in Ihrer Organisation danach gehandelt, wie die Zukunft zu meistern ist oder eher danach, wie bestehender Besitzstand zu wahren ist?
- ☐ Wird mehr über Einsparung oder mehr über Weiterentwicklung nachgedacht?

Ein paar Fragen zur Einstimmung

Einführung in den Workshop

- Ist Ihr Management (inklusive Ihnen selbst) in der Lage zu definieren, welche Kompetenzen heute schon vorhanden sind, um die Zukunft zu meistern und welche noch erworben werden müssen?
- Hat Ihr Management genügend Rückhalt und Vertrauen erworben, so daß auch unbequeme Entscheidungen mitgetragen werden?
- Ist die Kultur in ihrer Organisation so weit entwickelt, daß auch in schwierig zu bewältigenden Situationen Motivation und Leistungsbereitschaft bestehen bleibt?
- Verbringen Sie Ihre Zeit hauptsächlich mit der Gestaltung von Zukunftsfragen oder mit dem Ausbessern der Fehler von gestern?
- Werden Fehler als Anlaß zum gemeinsamen Lernen oder als Anlaß zum ‚Schwarzer Peter' spielen genommen?

Was hat sich in den letzten zwei Jahren in Ihrer Organisation geändert?

Machen Sie die Augen wieder auf (wenn Sie sie geschlossen hatten), sehen Sie sich um, gehen Sie zu Ihrem Büro, Ihrem Arbeitsplatz, nehmen Sie Ihren Terminkalender und räumen Sie sich einen halben Tag in dieser Woche ein, an dem Sie sich mit diesen Fragen beschäftigen. Denken Sie darüber nach, was sich in den letzten zwei Jahren in Ihrer Organisation schon verändert hat und was in den nächsten zwei Jahren auf Sie als Leitungskraft, auf Ihre KollegInnen und MitarbeiterInnen an Veränderungen noch zukommt, und was Sie heute schon tun können, um diesen Anforderungen gewachsen zu sein.

Knut Bleicher, Professor für Betriebswirtschaftslehre und Vorsitzender des Instituts für Betriebswirtschaft an der Hochschule St. Gallen, beschreibt die Situation, in der sich die Betriebe und Organisationen heute befinden, wie folgt:

„Wir arbeiten in den Strukturen von gestern mit den Methoden von heute an Problemen von morgen vorwiegend mit Menschen, die die Strukturen von gestern gebaut haben und das Morgen innerhalb der Organisationen nicht mehr erleben werden" (SZ. 65/1994, S. 72).

Lassen Sie uns gemeinsam schauen, ob und inwieweit diese zugespitzte These, die primär im Hinblick auf privatwirtschaftliche Unternehmen formuliert wurde, auf die Organisationen und Einrichtungen im Gesundheits- und Sozialbereich zutrifft, in denen und für die Sie tätig sind.

1.4.1 In den Strukturen von gestern?

Das Marktgeschehen in der Privatwirtschaft ist heute weltweit durch das Mit- und Gegeneinander von zwei gegensätzlichen Organisationsformen bestimmt: Die im 19. Jahrhundert gegründeten großen Konzerne einerseits und die erst in den letzten 20 Jahren wie Pilze aus dem Boden geschossenen kleinen Software-, Konstruktions- und Beratungsfirmen andererseits. Aus einem Szenario des Massachussets Institute of Technology (MIT) für das Jahr 2010 hört sich das so an:

Einführung in den Workshop

„Das Unternehmen des späten zwanzigsten Jahrhunderts, in dem ihr noch gearbeitet habt, war nur eine Übergangsform. Es überdauerte zwar mehr als hundert Jahre, aber nur wenige Unternehmen dieser Art sind heute noch übrig geblieben. Wenn wir heute zurückblicken in das ‚Dinosaurier'-Zeitalter, in dem General Motors und Microsoft, Sony, Siemens und Daimler-Benz über die Erde stapften, gab es nur einige wenige jener kleinen ‚Säugetiere' – Unterhaltungs-Produktionsfirmen und Kommunikations-Designer, Konstruktionsprojekt–Teams und Berater-Arbeitsgruppen, die in den neunziger Jahren ohne große Aufmerksamkeit arbeiteten, die aber die Prototypen unserer heutigen Organisationen wurden. Heute wird nahezu jede Aufgabe von unabhängigen Teams mit bis zu zehn Mitgliedern ausgeführt, die aus unabhängigen und selbständigen Vertragspartnern oder kleinen Firmen zusammengesetzt sind, verbunden durch Netzwerke, und die nur für vorübergehende Zeiträume zusammenkommen, um die unterschiedlichsten Projekte zu bearbeiten und sich wieder auflösen, sobald das Projekt erledigt ist." *(Arbeitsweltbeschreibung des Jahres 2010, ein Szenario, das vom Massachusetts Institute of Technology entwickelt wurde, zitiert in einem Leitartikel der SZ vom Okt.96).*

Dinosaurier und kleine Säugetiere

Der öffentlich gesteuerte Dienstleistungssektor von Bildung, Gesundheit und Sozialen Diensten dagegen wird, jedenfalls in unserem Lande, immer noch fast ausschließlich durch das Mit- und Gegeneinander von zwei Arten von „Dinosauriern", den öffentlichen Trägern, bzw. den Kommunalverwaltungen und ihren zuständigen Behörden auf der einen, den großen Wohlfahrtsverbänden auf der anderen Seite bestimmt. Bei beiden – bei den Behörden i.d.R. noch mehr als bei den Verbänden – bestehen überwiegend immer noch die im 19. Jahrh. entwickelten Organisationsstrukturen, die gekennzeichnet sind durch

Kommunalverwaltung und Wohlfahrtsverbände

Organisationsstruktur von „Dinosauriern"

❏ zentralisierte Entscheidungsbefugnisse,
❏ starke Hierarchisierung,
❏ starre Zuständigkeitsregelungen,
❏ stark routinisierte Abläufe,
❏ eine rein inputorientierte Steuerung aufgrund politischer Beschlüsse und haushaltsmäßig genau festgelegter finanzieller Mittel,
❏ mangelhafte Kostenübersicht und Finanzkontrolle,
❏ keine wirksame Erfolgs- und Effizienzkontrolle,
❏ geringe Orientierung an KundInnen- bzw. KlientInnenwünschen,
❏ geringe Flexibilität in Bezug auf Veränderungen im Bedarf,
❏ hohe Stabilität und Kontinuität.

Abb. 5

Daneben sind allerdings auch in diesen Bereichen und vor allem im Bereich sozialer Dienste aus der Bürgerinitiativ-, Alternativ- und Selbsthilfebewegung eine Fülle „kleiner Säugetiere" mit geradezu gegenteiligen Organisationsformen entstanden, wie

Bürgerinitiativ-, Alternativ- und Selbsthilfebewegung

> **Organisationsstruktur „kleiner Säugetiere"**
>
> ❐ kleine, überschaubare Einheiten,
> ❐ flexible und durchlässige, unhierarchisch-kollegiale Aufbauorganisation mit oft unklaren Führungs- und Entscheidungsstrukturen, aber mit sensiblen Antennen für Kundenwünsche und -einflüsse,
> ❐ wenig reglementierte, spontane Abläufe,
> ❐ geringe Kontinuität und Stabilität.

Abb. 6

Ihr Einfluß auf das Marktgeschehen und die Gesamtpolitik in diesen Sektoren ist allerdings noch gering.

1.4.2 Mit den Methoden von heute?

Methoden von gestern

In den Verwaltungszentralen von Behörden und großen Verbänden herrschen – als Ausfluß ihrer bürokratischen Strukturen – im Umgang sowohl mit den „Kunden", wie mit den MitarbeiterInnen eher noch die Methoden von gestern:

Lange Dienstwege, starre Bürozeiten

❐ „KundInnen" gegenüber wirken lange Flure und Dienstwege, feste Bürozeiten und starre Zuständigkeiten, sowie das Verhalten der MitarbeiterInnen, die sich meist weniger als dienstleistende, sondern eher als hoheitliche, Vergünstigungen gewährende und Verhalten kontrollierende Instanzen verstehen, oft abschreckend und entmutigend;

Distanzierter Führungsstil

❐ MitarbeiterInnen gegenüber wirkt ein unpersönlich-distanzierter Führungsstil, gleichgültig ob von einer eher einengend-kontrollierenden, oder einer eher distanziert desinteressierten Spielart, wenig motivierend.

Methoden von heute

Im Management neuer Projekte und Initiativen dagegen führen „Methoden von heute" wie unklare, intransparente Führungs- und Entscheidungsprozesse, bei denen sich alle um alles kümmern, oft zu heftigen Auseinandersetzungen, zu Überforderung und Überanstrengung und damit auf einem anderen Wege ebenfalls zu Demotivierung und nachlassendem Engagement.

„Klientenorientierung", „Einfühlung", „Hilfe zur Selbsthilfe"

In der Arbeit der pflegerischen, betreuerischen und erzieherischen Fachkräfte herrscht zum großen Teil noch ein eher „gestriger", paternalistisch – bevormundender Stil vor. In der sozialen Arbeit dagegen dominiert heute, zumindest unter vielen MitarbeiternInnen, ein professionelles Selbstverständnis, das i.d.R. aus Psychoanalyse und humanistischer Psychologie gespeist ist und sich an Begriffen wie „Klientenorientierung", „Einfühlung", „Hilfe zur Selbsthilfe" orientiert. Ein solches Verständnis gerät dann oft in Spannung zu den o. g. bürokratisch geprägten Einstellungen und Verhaltensweisen. Aber auch dieses professionelle Verständnis ist meist noch sehr stark problem- und defizitorientiert und zu wenig auf die Entdeckung und Entwicklung von

Einführung in den Workshop

Ressourcen und die gemeinsame Erarbeitung von Lösungen ausgerichtet, wodurch dem Anspruch der „Hilfe zur Selbsthilfe" oft die reale Grundlage fehlt. Und es ist immer noch überwiegend einzelfallbezogen d.h. daß es die Umweltbedingungen der KlientInnen mit ihren problemfördernden Faktoren aber auch mit ihren für eine Problemlösung auszuschöpfenden Ressourcen sowohl bei der Situationsanalyse wie vor allem bei der Organisation von Hilfen ausblendet. Systemische Konzepte und ihnen nahestehende praktische Ansätze wie „empowerment" oder Stadtteil- und Gemeinwesenarbeit, welche diese Dimensionen bewußt einbeziehen, sind im Bereich sozialer und gesundheitlicher Dienstleistungen noch unterrepräsentiert. Sie finden sich vor allem in neuen Projekten und Initiativen der Selbsthilfe-, Bürgerinitiativ- und Alternativbewegung.

Systemische Konzepte

Auf der Ebene einer Reorganisation und Neustrukturierung sozialer und gesundheitlicher Dienste wird seit einiger Zeit die Einführung „Neuer Steuerungsmodelle" heftig und kontrovers diskutiert. Gemeint ist damit im Grunde nichts anderes als der Versuch, die Tätigkeit des gesamten öffentlichen Dienstes und der von ihm beauftragten und bezuschußten privaten, i.d.R. gemeinnützigen Dienstleister stärker an den Bedürfnissen und Interessen der Dienstleistungsempfänger als ihren „KundInnen" zu orientieren und auf präzise definierte Leistungen oder „Produkte" sowie auf einen meßbaren Erfolg hin auszurichten.

Neue Steuerungsmodelle

Als Strategien zur Durchsetzung dieser Neuorientierung werden dabei Konzepte und Verfahren diskutiert, empfohlen und probiert, die im Bereich der Privatwirtschaft schon seit einiger Zeit boomen, wie „lean production" und „total quality-management", „Leitbildentwicklung" und „corporate identity", „proceß-reengineering" und Organisationsentwicklung usw. usf. Die Ergebnisse sind bisher nicht sehr ermutigend. Wesentliche Gründe dafür sind:

Reformstrategien

- Angesichts leerer öffentlicher Kassen liegt der Verdacht nahe, daß diese Umstrukturierungen weniger einer Sicherung und Verbesserung der Qualität der Leistungen, als vielmehr einer Senkung der Kosten durch Personalabbau dienen sollen, was der Mitwirkungsbereitschaft der MitarbeiterInnen nicht gerade förderlich ist.
- Behörden und öffentliche Einrichtungen mit ihrem Geflecht aus Laufbahnprinzip und wohlerworbenen Rechten, aus streng geregelten Aufgaben und Zuständigkeiten, aus spezifischen Normen, Traditionen und Verhaltensregeln, erweisen sich als besonders unbewegliche und veränderungsresistente „Dinosaurier".
- Die kommunalpolitischen Gremien und deren Mitglieder blockieren eher die geplanten Veränderungen, da diese für sie zu einem einschneidenden Rollen- und Funktionswandel führen – weg von den konkreten Einzelproblemen und -interessen ihrer WählerInnen und von den damit verbundenen Einzelentscheidungen hin zu einer Konzentration auf die strategische Gesamtsteuerung –, der ihre konkreten Einflußmöglichkeiten reduziert und sie größtenteils fachlich überfordert.

... und ihr Mißlingen

Einführung in den Workshop

- Das bisherige Vorgehen bei Veränderungsvorhaben zeigt eine große strategische Unsicherheit, die sich äußert in einem ständigen Hin und Her zwischen:
  - einseitig autoritärer Durchsetzung von oben, („top-down"-Ansatz), die meist passiven Widerstand erzeugt und verhindert, daß formale organisatorische Veränderungen mit Inhalt und Leben gefüllt werden und
  - einer weitestgehenden Beteiligung der MitarbeiterInnen mit Willensbildung von unten nach oben („bottom-up"-Ansatz), die oft in endlosen Diskussionsschleifen und Probeläufen versandet. Was dagegen meist fehlt ist eine Synergie von aktiver und konstruktiver Beteiligung der MitarbeiterInnen auf der einen und einer klaren Führung, die den Rahmen absteckt, Orientierung bietet und Partizipation fordert und fördert auf der anderen Seite.

- Die oft unreflektierte, unkritische Übernahme von betriebswirtschaftlichen Begriffen, Zielen und Verfahren, die aus dem Kontext einer profitorientierten Wirtschaft stammen, erscheint für die Weiterentwicklung von Bildung, Gesundheit und sozialem Ausgleich nicht sehr hilfreich und provoziert zusätzlichen Widerstand.

Aber vielleicht wird bei all diesen Versuchen auch die Planbarkeit und Steuerbarkeit von Organisationsveränderungen überschätzt? Dazu mehr heute nachmittag.

1.4.3 ... und den Menschen von heute?

Die MitarbeiterInnen

Die MitarbeiterInnen, welche die anstehenden Organisationsveränderungen mittragen und mit Inhalt füllen sollen, sind im öffentlichen Dienst und in karitativen Großorganisationen durch eine Organisationskultur geprägt, die eher traditionsbewußt und bewahrend, als zukunftsorientiert und innovationsfreundlich erscheint, denn

- bürokratische Strukturen, mit ihrem zahlreichen hierarchischen Stufen, ihren starren Zuständigkeits- und Laufbahnregelungen fördern eher Einstellungen und Haltungen wie Anpassung und Einordnung, Zuverlässigkeit und Genauigkeit, als Eigeninitiative, Risikobereitschaft und Kreativität;
- und sie legen ein Führungsverhalten nahe, das eher durch Aufgabenorientierung, Distanz und Kontrolle, als durch Personenorientierung, Motivation und Förderung bestimmt wird.

Von daher fällt es bürokratischen Organisationen schwer, bei notwendigen Strukturveränderungen die Mitarbeiter selbst, die Weiterentwicklung ihrer Fähigkeiten und die Veränderung ihrer Einstellungen und Verhaltensweisen in den Mittelpunkt zu stellen, statt sich nur auf die Umstrukturierung formaler Aufbau- und Ablauforganisationen zu konzentrieren. Und die MitarbeiterInnen, die ihre Arbeit meist mit hoher Motivation sowie viel Engagement und Einfühlungsvermögen in ihre KlientInnen beginnen, erlahmen dann in diesem Kontext oft ziemlich schnell und fühlen sich ausgebrannt oder schützen sich davor durch Routine.

Routine und burn-out

1.4.4 Die Probleme von morgen lösen?

Der Eindruck macht sich breit, daß die meisten öffentlichen und privaten Großorganisationen in unserem Lande mit den Problemen von heute, die durch Stichworte wie Globalisierung und Standortdebatte, Arbeitslosigkeit und Pflegenotstand, Steuerflucht und Krise der öffentlichen Haushalte, markiert werden, mit ihrem kurzfristigen Management so beschäftigt sind, daß ihnen für qualifizierte Zukunftsüberlegungen weder Zeit noch Kraft verbleibt.

Auf der anderen Seite kommen uns die Entwicklungstrends in unsere nächste Zukunft so diskontinuierlich und widersprüchlich und die wissenschaftlichen Aussagen dazu so gegensätzlich vor, daß fundierte Zukunftsprognosen kaum möglich erscheinen. Zwei gegensätzliche Szenarien sollen die Offenheit und Widersprüchlichkeit der Situation verdeutlichen:

Widersprüchliche Entwicklungstrends

Einerseits erscheint es eher wahrscheinlich, daß in den nächsten 20 Jahren in diesem unserem Lande bezahlte Arbeit durch Automatisierung und Rationalisierung weiter abnimmt, und Armut und soziale Probleme (wie Obdachlosigkeit und Kriminalität, Süchte und psychische Störungen) entsprechend zunehmen; daß die öffentlichen Haushalte durch die weitere Internationalisierung des Kapitals (ohne eine entsprechende Internationalisierung des Steuerrechts) weiter schrumpfen, was die Spirale von Armut und sozialen Problemen weiter antreibt. Und fortschreitende Individualisierungsprozesse sowie die damit verbundene Entsolidarisierung der Gesellschaft und die weitere Auflösung privater sozialer Netze werden diese Entwicklung weiter verschärfen. Akademische Bildung wird, da zunehmend privatisiert, für die Mehrheit unbezahlbar und damit zur Angelegenheit von Minderheiten. So sieht die bayerisch-sächsische Zukunftskommission eine dreigeteilte Gesellschaft auf uns zukommen mit einer Standortelite gut verdienender Unternehmer, Ingenieure und sonstiger Kreativer, einer breiten Schicht von Angestellten und Arbeitern mit wechselnden Zeitarbeitsverhältnissen und einer dürftigen sozialen Absicherung für den Notfall sowie einem Drittel von Überflüssigen, „funktional Irrelevanten", die teils von knapp bemessener Sozialhilfe, teils von vorübergehenden Jobs als Dienstboten und Kindermädchen, Schuhputzer und Kofferträger ein dürftiges Leben fristen. Und schlimmstenfalls könnte das Wechselspiel von Bildungsnotstand, Motivationskrise und gestörtem sozialem Frieden eine Entwicklung beschleunigen, an deren Ende wir uns als Entwicklungsland wiederfinden . . .

Einerseits . . .

Es wäre aber auch möglich, daß es in einer konzertierten Aktion gelingt, die öffentlichen Haushalte über eine transparente und gerechte Steuerreform und eine Internationalisierung (oder zumindest: Europäisierung) des Steuerrechts

Andererseits . . .

Einführung in den Workshop

zu sanieren, die Arbeitslosigkeit durch den Ausbau von Arbeitsplätzen in den Bereichen von Bildung und Erziehung, Gesundheit und soziale Dienste nicht unwesentlich abzubauen, sowie durch eine strukturelle und qualitative Bildungsreform in Verbindung mit verstärkten Investitionen in den Bildungsbereich positive Synergieeffekte zu fördern, die auf breiter Basis neue, produktive Energien wecken und ein neues soziales Engagement erzeugen und damit die Grundlage für einen neuen wirtschaftlichen und sozialen Aufschwung schaffen. In einem solchen positiven Szenario hätten die Bereiche von Bildung und Erziehung, sowie sozialen und gesundheitlichen Diensten eine Schlüsselfunktion.

Aber wie dem auch sei, auf jeden Fall müssen sich nicht nur die privatwirtschaftlich-industriellen, sondern auch die Non-Profit-Organisationen aus den Bereichen Bildung, Gesundheit und Soziales in unserem Lande einer dreifachen Herausforderung stellen, wenn sie längerfristig überleben wollen:

Verknappung der Zeit

- der Verknappung der Zeit, denn alles wird immer schneller, beschleunigt durch eine neue Informationstechnologie, die auf alle Lebensbereiche wirkt;

Sinkender Lebensstandard

- dem sinkenden Lebensstandard, da natürliche Ressourcen zur Neige gehen und die Folgekosten gesellschaftlicher Entwicklungen steigen, Umweltschäden zu- und Arbeitsplätze abnehmen und sich verschärft die Frage nach einer gerechten Verteilung der knapperen Ressourcen stellt;

Steigerung der Komplexität

- einer dramatischen Steigerung der Komplexität, da immer mehr gleichzeitig und vernetzt geschieht und sich global auswirkt.

Europäische Union

Hinzukommt bei ihnen der Zwang zu mehr Marktorientierung und verschärftem Wettbewerb im Rahmen der Europäischen Union.

1.4.5 Was tun?

Angesichts diskontinuierlicher, beschleunigter und hochkomplexer Entwicklungsprozesse und einer offenen Zukunft erscheint es uns als ein zentrales Ziel, die Lernbereitschaft und Lernfähigkeit von Menschen und Organisationen so zu fördern, daß sie in der Lage sind, innere und äußere Entwicklungen wahrzunehmen und zu analysieren, um sich diesen Entwicklungen zugleich anpassen und sie aktiv mitgestalten zu können, - anders ausgedrückt, es geht um eine umfassende Entwicklung hin zu einer Gesellschaft von „lernenden Menschen in lernenden Organisationen".

Lernende Menschen in lernenden Organisationen

Schritte zu diesem Ziel

Als wesentliche Schritte hin zu diesem Ziel erscheinen uns, gerade auch für Menschen und Organisationen im Gesundheits- und Sozialbereich:

Einführung in den Workshop

> **Schritte zur lernenden Organisation**
>
> - die Förderung von Lernbereitschaft und Lernfähigkeit der MitarbeiterInnen durch *eine lern- und fehlerfreundlich Unternehmenskultur;*
> - die Entwicklung einer *Führungskultur,* die auf die Motivation, Förderung und Partizipation der MitarbeiterInnen ausgerichtet ist;
> - die differenzierte Analyse und funktionsgerechte Adaption *betriebswirtschaftlicher Ziele* und Verfahren auf den eigenen Bereich;
> - die Erarbeitung eines *neuen Rollenverständnisses* unter den MitarbeiterInnen, das geprägt ist durch eine stärkere Orientierung an den Wünschen und Bedürfnissen der „KundInnen" und an ihrer Partizipation sowie an einer engen Kooperation und Vernetzung mit ehrenamtlichen und Selbsthilfeinitiativen;
> - die Entwicklung von *Antennen und Rückkoppelungsschleifen* in den Organisationen, in Form laufender Umweltanalysen sowie ressort- und hierarchieübergreifender Zieldiskussionen, durch ein effektives Qualitätsmanagement und Controlling etc.
> - das Ingangsetzen *notwendiger Strukturreformen,* wie Dezentralisierung und Abbau von Hierarchien, Flexibilisierung und Kundenorientierung von Zuständigkeiten und Abläufen;
> - die Erarbeitung integrierter Strategien von *Organisations- und Personalentwicklung,* in welcher sich lernende MitarbeiterInnen gemeinsam zu einer lernenden Organisation hin entwickeln können.

Abb. 7

In einer solchen Zielsetzung und Strategie kommt dem Coaching als einer Führungsweise, die daran orientiert ist, MitarbeiterInnen zu motivieren und zu fördern, anzuleiten und zu beraten, besondere Bedeutung zu.

Literatur

Bayerische Staatskanzlei (Hrsg.): Bericht der Zukunftskommission Bayern-Sachsen. München 1998
Bleicher, K. in: Süddeutsche Zeitung 19./20. März 1994, S. 72
Engelhardt, H. D./Graf, P./Schwarz, G. (1996): Organisationsentwicklung, Alling
Hammer, M./Champy, J. (1993): Business Reengineering. Die Radikalkur für das Unternehmen. Frankfurt/M., New York
Kommunale Gemeinschaftsstelle für Verwaltungsvereinfachung (KGST): Das neue Steuerungsmodell. Begründung, Konturen, Umsetzung. Bericht Nr. 5/1993 Köln
Dies.: (1994): Outputorientierte Steuerung in der Jugendhilfe. Bericht Nr. 9/1994 Köln
Landeshauptstadt München (Hrsg.): Das neue Steuerungsmodell für die Stadtverwaltung. München

Klug, W. (1997): Die Zukunft der Freien Wohlfahrt. Marktwirtschaft und Bewahrung der Identität. In: Theorie und Praxis der Sozialen Arbeit, Nr. 10/97, S. 26ff.

Lewkovicz, M. (Hrsg.): Neues Denken in der Sozialen Arbeit. Mehr Ökologie - mehr Markt - mehr Management. Freiburg 1991

Pitcher, P. (1997): Das Führungsdrama; Künstler, Handwerker und Technokraten im Management, Stuttgart

Schmid, B. (1987): Gegen die Macht der Gewohnheit. Systemische und wirklichkeitskonstruktive Ansätze in Therapie, Beratung und Training. In: Organisationsentwicklung 4/1987, S. 22ff.

Tillmann, B. (1990): Das Elend des Bestehenden. 10 Thesen über den Zustand sozialer Dienstleistungen in der Bundesrepublik Deutschland. In: Blätter der Wohlfahrtspflege H. 5, S. 123ff.

Whitmore, J. (1996): Coaching für die Praxis. Frankfurt/M.

Die systemische Sicht von Organisationen

NACHMITTAG: DIE SYSTEMISCHE SICHT VON ORGANISATIONEN

1.5 Übung: Organisationskulturen

Sie haben es alle mit Organisationen zu tun, die ähnlichen Zwecken dienen, nämlich der Versorgung mit immateriellen Gütern, wie Bildung, körperliche, seelische und geistige Gesundheit, und die keinen Profit anstreben, oder wenn sie dies tun, dabei durch gesetzliche Vorgaben stark reglementiert sind. Trotz dieser verwandten Zwecksetzung dürfte es zwischen den Organisationen, in denen Sie arbeiten, nicht unerhebliche Unterschiede geben, was die organisatorischen Abläufe und Strukturen, vor allem aber ihre „Kultur" anbelangt. Diese Organisationskultur ist ein schillernder, schwer greifbarer Begriff. Er meint die Gesamtheit der Ideen und Werte, Normen und Regeln, Verhaltensweisen und Umgangsformen, Zeichen und Symbole, welche die Beziehungen in einer Organisation prägen und damit dem Handeln ihrer Mitglieder eine gewisse Einheitlichkeit verleihen. Oder kürzer: Die Summe aller Denk-, Fühl- und Verhaltensweisen in einer Organisation.

Kulturbegriff

Das folgende Modell* erscheint uns als hilfreiches Instrument, um unterschiedliche Organisationskulturen zu erkennen und zu vergleichen. Ihm liegt das Persönlichkeitsmodell der Transaktionsanalyse zugrunde, das folgende drei Instanzen der menschlichen Person:

Modell der Transaktionsanalyse

- Eltern – Ich,
- Erwachsenen – Ich
- und Kindheits-Ich

kennt. Indem es dieses Modell auf Organisationen überträgt, unterscheidet es je nach der herrschenden, kulturbestimmenden Instanz folgende Grundformen von Organisationskulturen:

Drei Grundformen von Organisationskulturen
1. Die von einem fordernden und strukturierenden, „väterlichen" Eltern-Ich bestimmte Kultur, bei der Werte wie Ordnung, Sachlichkeit und reibungsloses Funktionieren im Vordergrund stehen. Ihre Metapher ist die Maschine.
2. Die von einem nährenden, versorgenden, „mütterlichen" Eltern – Ich geprägte Kultur, bei der Werte wie Zusammenhalt und Treue sowie Abgrenzung nach außen dominieren und deren Metapher die Familie ist.
3. Die maßgeblich von einem verspielten, lustbetonten und spontanen Kindheits – Ich gesteuerte Kultur mit zentralen Werten wie Freiheit, Kreativität und individuelle Entfaltung und mit dem Spielplatz als Metapher.

Maschine

Familie

Spielplatz

Abb. 8

* Seine Grundidee haben wir von Reinhold Bartel im Rahmen unserer Zusatzausbildung in Systemischer Therapie und Organisationsberatung bei ISTOB München erhalten.

Die systemische Sicht von Organisationen

brain-storming Wir möchten Sie nun zu einem „brain-storming" einladen, um diese Grundtypen anhand einiger Beobachtungskriterien inhaltlich mit Ihnen zu füllen. Aus diesem „brain-storming" entsteht folgende schematische Übersicht:

Metapher / Kriterien	Maschine	Familie	Spielplatz
Dominante Instanz	Strukturierendes, väterliches Eltern-Ich	nährendes, sorgendes mütterliches Eltern-Ich	verspieltes Kindheits-Ich
Zentrale Werte	Ordnung/Klarheit Sachlichkeit reibungsloser Ablauf Ergebnisorientierung	Gemeinschaft Zusammenhalt/Treue Abgrenzung nach außen Personorientierung	Freiheit/Individualität persönl. Entfaltung Spontaneität Kreativität/Lust
Verhaltensnormen	Trennung Person-Sache Einhalten von Zuständigkeiten und Dienstwegen Personen sind austauschbar	Person geht vor Sache alles muß gemeinsam besprochen und entschieden werden man geht nicht einfach	Arbeit muß Spaß machen Jeder ist für sich selbst verantwortlich flexibles Engagement
Verhaltensmuster	Jeder tut nur was ihm vorgeschrieben Rückversicherung nach oben bei Entscheidungen Konflikte werden „sachlich" ausgetragen	lange Diskussionen und Aushandlungsprozesse Verdeckung von Machtansprüchen Konflikte werden „persönlich" ausgetragen	unverbindliche Freundlichkeit individuelle Arbeits- und Zeitgestaltung Konflikte werden ignoriert/bagatellisiert
Symbole	gestufte Gratifikationen (Vorzimmer, Polsterstuhl) Kantine formalisierte Besprechungsrituale	ähnliche Sprache und Kleidung Teeküche gemütliche Besprechungen mit Kaffee und Kuchen	gemeinsamer Jargon/ individuelles outfit auffälliges, originelles Logo
Krisen	Zahlen stimmen nicht hoher Krankenstand/innere Kündigung schlechtes Service	massive Beziehungskonfl. Überlastung/burn-out Entscheidungsunfähigkeit	keine corporate identity gestörte Arbeitsmotivation chaotische Außenkontakte

Abb. 9

Die systemische Sicht von Organisationen

Bei Störungen und Problemen, die sich in den weiter oben genannten Krisensymptomen zeigen, ist in allen drei Kulturen ein stabiles Erwachsenen-Ich als Instanz zur Problemlösung und der damit verbundenen notwendigen Veränderungen gefragt.

Wir bitten Sie nun, sich Ihre eigene Organisation zu vergegenwärtigen und zu überlegen, welcher kulturellen Grundform Sie diese zuordnen würden. Bilden Sie anschließend Kleingruppen und tauschen Sie sich über Ihre Überlegungen aus.

Welche Grundform hat Ihre eigene Organisation?

Der Austausch der Ergebnisse aus den Kleingruppen könnte folgende wesentliche Aspekte ergeben:

- Die drei Grundformen sind zwar in der Realität kaum in Reinform, sondern eher in unterschiedlichen Mischverhältnissen anzutreffen. Trotzdem überwiegt oft eine von ihnen recht deutlich. Und gerade die Gegenüberstellung von zutreffenden und nicht zutreffenden Merkmalen führt zu interessanten Erkenntnissen. Das Modell ist daher als Analyse- und Diagnoseinstrument sehr geeignet.

- Im Gesundheitssektor entsprechen die meisten Einrichtungen insbesondere die Kliniken, mehr oder minder eindeutig dem ersten Typ. In der sozialen Arbeit sind sowohl der erste Typ (bei öffentlichen Dienststellen und großen Verbänden), wie auch der zweite (bei kleineren Trägern und Einrichtungen, bei Initiativ- und Selbsthilfegruppen) häufig anzutreffen. Der vor allem in der soft-ware-Branche dominierende dritte Typ ist dagegen im Gesundheits- und Sozialbereich noch wenig verbreitet.

- Die jeweiligen Kulturen korrespondieren in der Regel auch mit bestimmten Strukturmerkmalen, wie ausgeprägte Hierarchien und starre Zuständigkeiten bei der „Maschine" oder flache Hierarchien und flexible Zuständigkeiten bei der „Familie".

- In größeren Organisationen sind manchmal alle drei Typen auf unterschiedlichen Ebenen anzutreffen, z. B. ein Spielplatz auf der Ebene des Teams, die Familie in einer Einrichtung und die Maschine beim Träger.

- In großen Organisationen des ersten Typs bilden sich oft unter den MitarbeiterInnen informelle Nischen des zweiten Typs heraus, die ein Überleben der Gesamtorganisation überhaupt erst ermöglichen.

- Die jeweiligen Bilder, die wir uns von bestimmten Organisationen machen, mit denen wir zu tun haben, geben nicht nur ihren Zustand mehr oder minder zutreffend wieder, sondern wirken zugleich auf diesen ein, indem sie unser Handeln bestimmen: So werden wir wahrscheinlich mit einer unterschiedlichen Motivation in ihnen arbeiten und Konflikte anders wahrnehmen und austragen, je nachdem ob wir sie eher als Maschine, Familie oder Spielplatz erleben.

Die systemische Sicht von Organisationen

1.6 Referat: Eine Reise in das Land der Organisationen

Nach unserer Übung, die Sie angeregt hat, ihre eigenen Organisationen unter dem Aspekt ihrer spezifischen „Kulturen" anzuschauen und zu vergleichen, möchten wir Sie nun einladen, sich genauer und grundsätzlicher mit Organisationen als dem Terrain zu befassen, in dem Sie sich als ManagerIn und BeraterIn bewegen, in der Absicht, etwas Nützliches zu tun.

Dabei erscheint es uns hilfreich, sich zunächst genauer über den Gegenstand unserer Erörterungen und Erkundungen zu verständigen.

1.6.1 Zur Klärung des Begriffs „Organisation" oder: Eine Organisation hat eine Organisation und realisiert sich durch ihre Organisation

Dreifache Bedeutung von Organisation

Diese Überschrift verweist auf eine dreifache Bedeutung des Wortes „Organisation".

Institution

1. Wenn wir sagen: „Das Leben findet heute überwiegend in und durch Organisationen statt", so meinen wir die Vielzahl von Einrichtungen oder „Institutionen" wie Betriebe und Behörden, Krankenhäuser und Schulen, Parteien und Vereine, die unser gesamtes gesellschaftliches Leben prägen. Solche Einrichtungen sind stets
   - ein arbeitsteiliges Zusammenwirken
   - mehrerer Personen
   - zu einem bestimmten Zweck
   - und in einer bestimmten Form oder Struktur.

   Sie stellen somit immer eine Kombination folgender, sich gegenseitig bedingender Merkmale dar und bilden ein Gefüge von Wechselbeziehungen, das wir als „System" bezeichnen (siehe Abb. 10 folgende Seite).

Struktur

2. Wenn wir dagegen sagen: „Dieser Betrieb hat eine klare Organisation", bezeichnen wir damit eines dieser Merkmale, nämlich den organisatorischen Aufbau, d.h. die Art und Weise wie die internen Beziehungen in diesem Betrieb gestaltet und geregelt sind, kurz seine Struktur.

Prozeß

3. Und wenn wir schließlich sagen: „Das Fest hatte eine tolle Organisation", beschreiben wir ein anderes Merkmal, die Art und Weise nämlich, wie der Veranstalter dieses Fest organisiert hat und wie es ablief, also einen Prozeß.

Die systemische Sicht von Organisationen

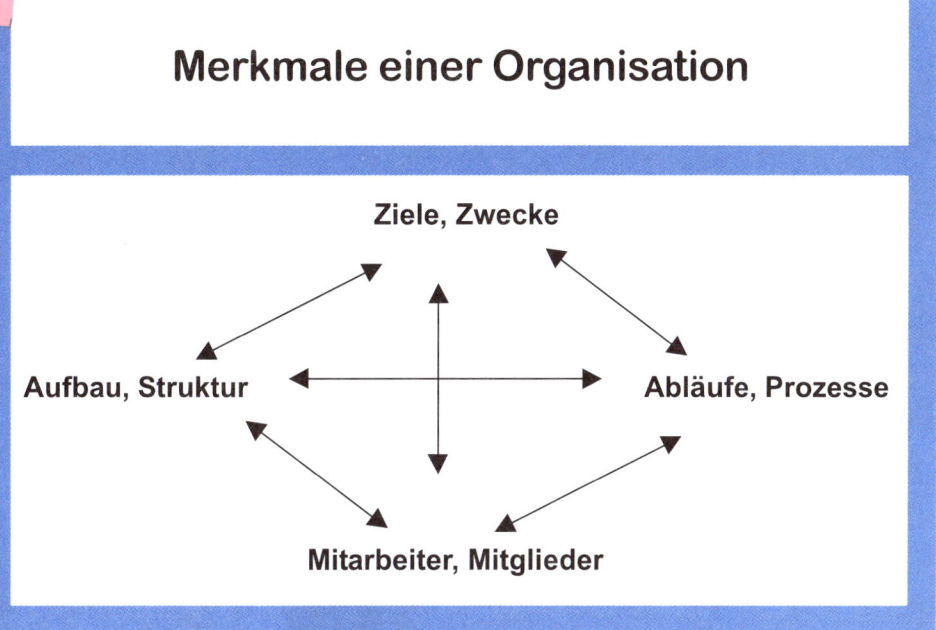

Abb. 10

Der erste, institutionelle Organisationsbegriff erhält dabei eine unterschiedliche Akzentuierung, je nachdem welches der beiden Merkmale, die in den folgenden beiden Begriffen benannt werden, in den Mittelpunkt gerückt wird.

- ❒ Definieren wir Organisationen als „mit Rollen verknüpfte Strukturen gegenseitiger Erwartungen, welche festlegen, was jedes Mitglied von anderen und von sich selbst erwarten soll" so betonen wir ihre „harte", strukturelle Seite (*Vickers* zit. in : *Weick,* 1995:11).
- ❒ Definieren wir sie dagegen als „identifizierbare soziale Einheit, welche mittels koordinierter Aktivitäten und Beziehungen zwischen Mitgliedern und Gegenständen verschiedenartige Ziele verfolgt", so heben wir ihre „weiche", prozessuale Seite hervor (zit. in *Weick* 1995:11).

„Harte", strukturelle Seite

„Weiche", prozessuale Seite

Je nachdem worauf wir den Fokus unserer Aufmerksamkeit richten, auf die strukturelle oder auf die prozessuale Seite, und je nachdem, wie wir denken, eher in Strukturen oder in Prozessen, werden wir auch die Organisationen, die wir studieren und in denen wir uns bewegen, unterschiedlich wahrnehmen.

MANAGEMENT

Die systemische Sicht von Organisationen

Schauen Sie auf das Bild:

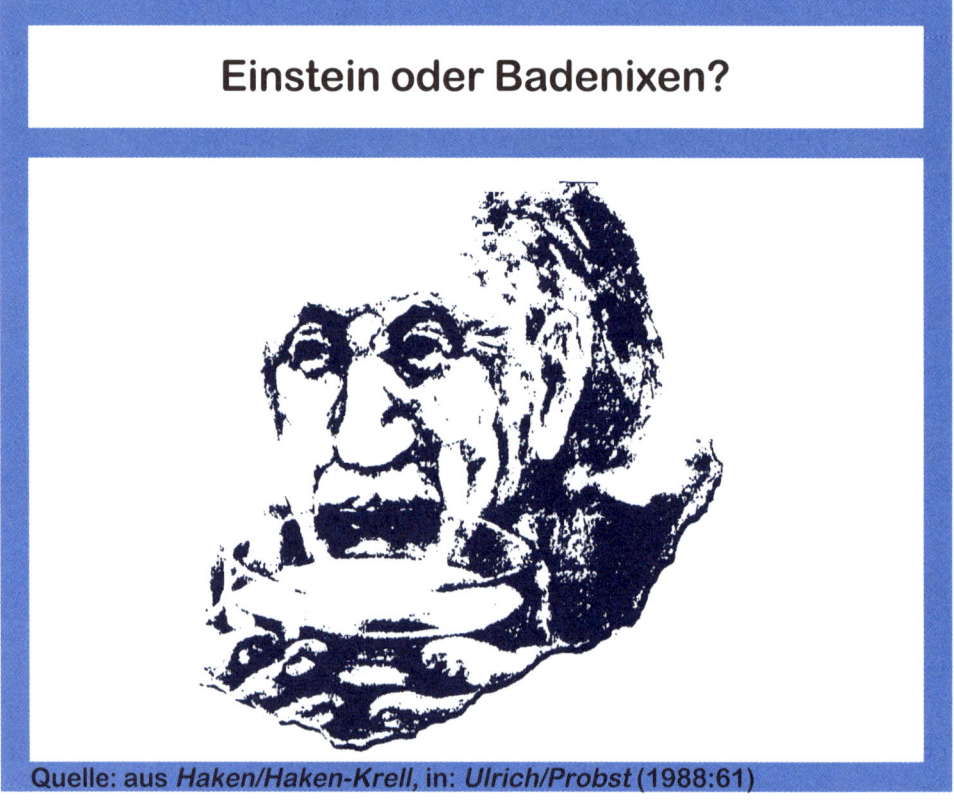

Abb. 11

Ein Kippbild

Einstein oder Badenixen? Es handelt sich um ein Kippbild. Je nachdem, wie Sie schauen, je nachdem welche Erfahrungen und Vorannahmen Sie mitbringen, die Ihre Aufmerksamkeit lenken, werden Sie den berühmten Wissenschaftler oder eine Gruppe Badender sehen. Erst wenn Sie beide Aspekte erkannt haben, können Sie mit Ihrer Wahrnehmung hin und her kippen – und können Sie auch bei Organisationen die strukturelle und die prozeßhafte Seite wahrnehmen und aufeinander beziehen.

Aufbau- und Ablauforganisation

In Systemen, bei denen Menschen die Vereinbarung getroffen haben, sie als „Organisationen" zu bezeichnen, besteht die Struktur aus z.B. Gebäuden, Einrichtungsgegenständen, EDV-Anlagen, Menschen, Konzepten, Stellenbeschreibungen, Verträgen, Dienstplänen, Kostenplänen etc., die in bestimmte Beziehungen zueinander gesetzt worden sind. In den meisten Organisationen ist dies durch die Beschreibung der Aufbau- und Ablauforganisation gefaßt und durch ein Organigramm verdeutlicht.

Der Prozeß des Organisierens

Viel interessanter ist jedoch das, was wirklich passiert, der Prozeß des Organisierens, d.h. wie es den beteiligten Personen gelingt, diese Struktur zu verwirklichen. Durch die Struktur einer Organisation, d.h. durch ihre Verdinglichung, wird so getan, als ob es die Organisation im substantivischen Sinne, als eigene Instanz tatsächlich gäbe. Ausgeblendet wird hierbei, daß das, was durch die spezielle Struktur einer Organisation repräsentiert, beobachtbar und beschreibbar wird, nichts anderes ist, als das Ergebnis von Interaktionsprozessen, die ereignisreich und prozeßartig Unterscheidungsmerkmale erzeugen, welche eine Beschreibung „Das ist eine Organisation!" erst sinnvoll machen.

„Wann immer Organisationen handeln – eine Universität stellt ein, die Regierung verhandelt, die Bäckerei erforscht ihr Gedächtnis (bei der Bäckerei nennt man dies in der Regel „Backbuch" Anm. d. Verf.), das Orchester produziert Chaos (vielleicht weil dem Dirigenten der Taktstock abgebrochen ist, ebf. Anm. d. Verf.) – dann sind es Individuen, die handeln. Und jede Behauptung über das Handeln von Organisationen kann zerlegt werden in eine Reihe von Interakten zwischen Individuen von der Art, daß, wenn diese Leute nicht einen bestimmten Satz von Handlungen hervorgebracht und ineinander verzahnt hätten und wenn diese Handlungen nicht auch von anderen Leuten hervorgebracht und zwischen ihnen verzahnt worden wären, die Organisation den ihr zugeschriebenen Akt nicht ausgeführt hätte" (*Weick* 1995: 53).

Wann immer Organisationen handeln, sind es Individuen, die handeln

Wir halten es daher für nützlich, sich ständig zu vergegenwärtigen, daß das was wir mit dem Substantiv „Organisation" meinen, nichts anderes ist als eine Metapher, hinter der sich eine komplexe Form der Beziehungsgestaltung verbirgt, die sich an einem oder mehreren Zwecken ausrichtet und deren konkrete Interaktionen bestimmten, vereinbarten Regeln folgen – und manchmal, was Managern und Mitarbeitern oft Probleme macht und Berater Geld verdienen läßt, auch nicht.

Organisation ist eine Metapher

Die Struktur einer Organisation bekommt damit einen doppelten Charakter:

1. Sie ist zum einen Ergebnis dieser Beziehungsgestaltung und somit *deskriptiv*
2. und gleichzeitig ist sie *präskriptiv,* d.h. sie schreibt den Individuen vor, in welcher Weise diese Beziehungsgestaltung zu erfolgen hat.

Dieser zirkulären Sichtweise von Strukturen und Prozessen kommt besondere Bedeutung zu, wenn es um die Gestaltung und Veränderung von Organisationen geht.

Und dies vor allem in zweierlei Hinsicht:

1. Organigramme, Stellenbeschreibungen, Gratifikations- und Beurteilungssysteme, Konzepte, Dienstpläne, etc. sind „nichts weiter" als das Ergebnis eines interaktiven Aushandelsprozesses, der zu einem bestimmten Zeitpunkt stattgefunden hat und sich jederzeit, wenn erforderlich, auch wiederholen oder aber revidieren läßt.
2. Als Anweisung zur Beziehungsgestaltung können Manager und BeraterInnen daher darüber reflektieren, ob diese den aktuellen Anforderungen noch gerecht werden.

1.6.2 Die Konstruktion von Wirklichkeiten – oder: Das Land, das entsteht, wenn wir es betreten.

Das Kippbild von Einstein oder den Badenixen macht uns deutlich, daß das was wir sehen, davon abhängt, worauf wir unsere Aufmerksamkeit richten und was für ein Bild von dem Gegenstand unserer Betrachtung wir uns bereits vorher im Kopf gemacht haben. Und die Übung vorhin hat uns gezeigt, daß die Bilder, die wir uns von einer Organisation machen, ihren Zustand nicht nur wiedergeben, sondern ihn zugleich prägen:

Unterschiedliche Interpretationen

Je nachdem, welches Bild wir nutzen, „Familie", „Maschine" oder „Spielplatz", um unser Erleben in einer Organisation zu beschreiben, werden wir zu unterschiedlichen Interpretationen der Vorgänge und damit zu unterschiedlichen eigenen Handlungsnotwendigkeiten kommen. D.h. wir werden in unseren Handlungen von den Ideen und Vorstellungen geleitet, die wir uns über die Welt machen.

Folgendes einfache Modell soll diesen Zusammenhang verdeutlichen:

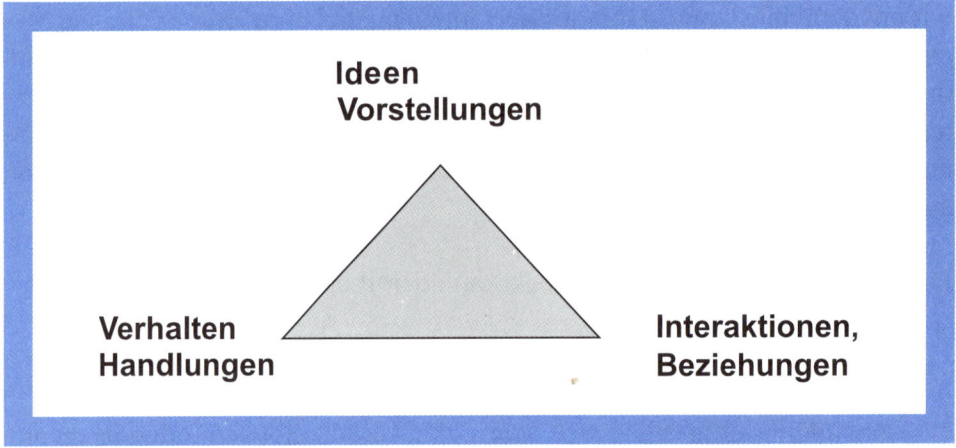

Abb. 12

Unterschiedliche Landkarten

Ähnlich, wie Landkarten im unbekannten Gelände zur Orientierung dienen, leiten unsere Vorstellungen unser Handeln. Je nachdem, auf welche Reaktionen wir in unserer Umwelt stoßen, werden wir unsere Vorstellungen im Sinne unserer Absichten bestätigt oder widerlegt bekommen und sie entweder ändern oder nicht. *K. Weick* formuliert dies treffend: „Wir können nur das tun, was wir uns vorstellen können." Oder wie es ähnlich treffend vor tausend Jahren auf einer Grabinschrift in einem Baptisterium formuliert wurde: „Was du erfragst, wirst du erhalten."

Und unsere Vorstellungen scheinen nicht immer identisch mit dem, was sie abbilden, also nicht nur eine wirklichkeitsgetreue Wiedergabe dessen, was wir betrachten, sondern auch das Produkt unserer persönlichen Annahmen und Ansichten, Vorlieben und Vorurteile. Und diese wiederum sind geprägt von unseren Vorerfahrungen mit Menschen und Organisationen. D.h. wir selbst und

Die systemische Sicht von Organisationen

die Organisationen, in denen wir wirken, und die wir dabei analysieren, sind beide Teil einer Wechselbeziehung, die wir nicht zugleich von außen, sozusagen „objektiv" betrachten können.

Unterschiedliche Vorstellungen

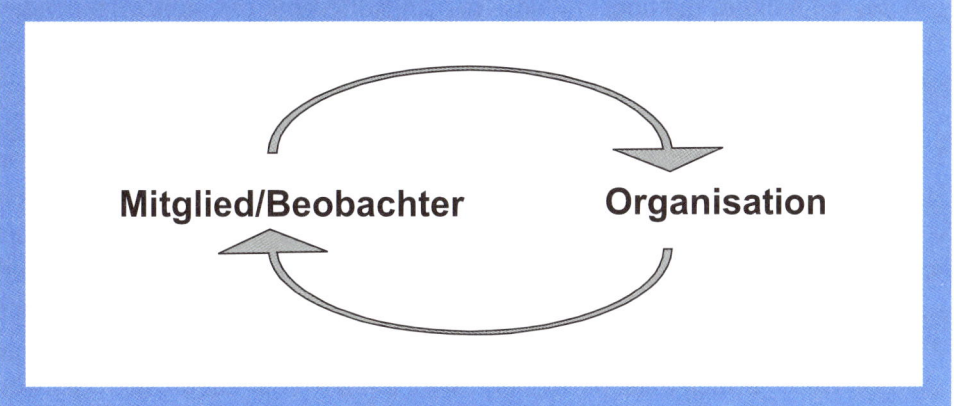

Abb. 13

Dahinter steckt das grundsätzliche Problem jeder Erkenntnis: Wir wissen zwar, daß wir in unseren Köpfen Bilder einer irgendwie gearteten Außenwelt entwickeln, aber wir können weder mit Sicherheit sagen, wie diese Bilder zustande kommen, noch ob und inwieweit sie mit dieser Außenwelt übereinstimmen. Denn wir können uns nicht selbst beim Erkennen zuschauen; wir haben nicht die Möglichkeit zu erkennen, was und wie wir erkennen. Das folgende Bild mag dieses Dilemma verdeutlichen:

Das Problem der Erkenntnis

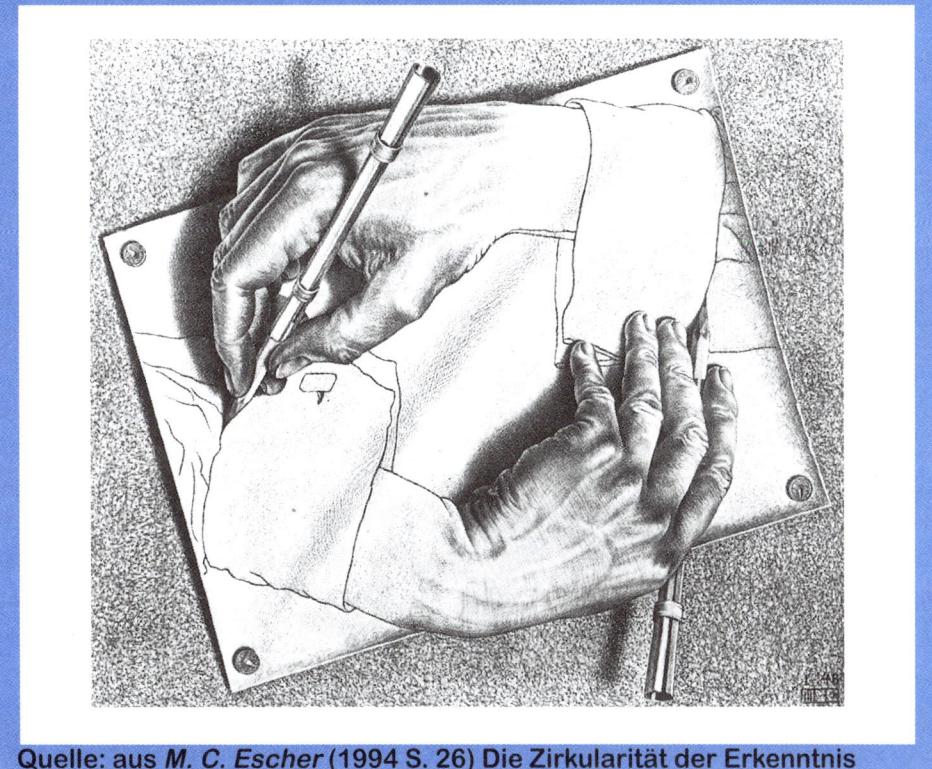

Quelle: aus *M. C. Escher* (1994 S. 26) Die Zirkularität der Erkenntnis

Abb. 14

Keine „dritte" Position

Wir können nur **innerhalb** dieses Zirkels Theorien dazu entwickeln, Theorien, die zwar möglichst gut zu unseren Erfahrungen und unseren kritischen Fragen passen sollten, die aber nie das Ausgangsdilemma der sich zeichnenden Hände auflösen können, da wir keine "dritte Position" außerhalb dieses Zirkels einnehmen können.

Bilder von Wirklichkeit

Von daher können wir nur (wenn auch mit guten Gründen, wie sie uns von Hirnforschung, Wahrnehmungspsychologie und Erkenntnistheorie geliefert werden) annehmen, daß Impulse bzw. Sensationen der uns umgebenden Außenwelt auf unseren, teils gattungsmäßig angeborenen, teils im Laufe unseres Lebens individuell herausgebildeten Wahrnehmungsapparat einströmen und von ihm eigenständig zu Bildern verarbeitet werden, die unsere jeweilige „Wirklichkeit" bilden und aus der heraus wir dann wieder auf diese Außenwelt einwirken.

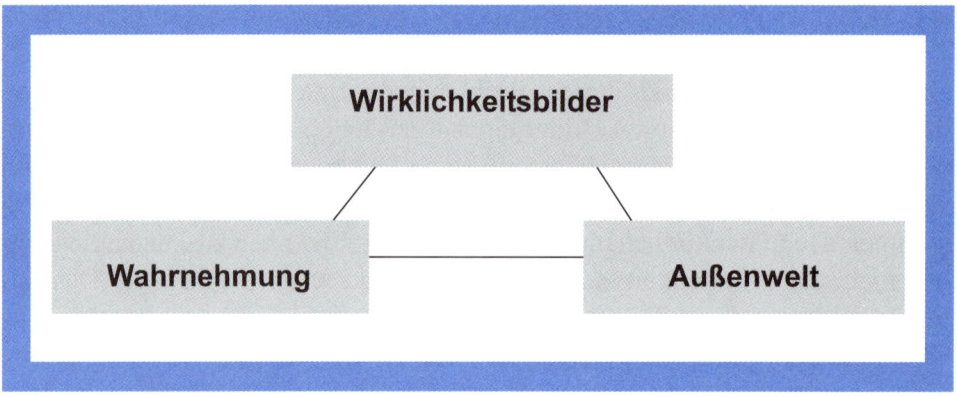

Abb. 15

Objektive „Realität" und subjektive „Wirklichkeit"

Und es erscheint von daher sinnvoll, auch sprachlich zu unterscheiden zwischen einer (objektiven) Außenwelt oder „Realität", die wir niemals so erkennen können, wie sie „an sich" ist, und den „Phänomenen" oder „Erscheinungen" dieser Realität, wie sie uns über unsere Sinne und unser Gehirn vermittelt werden, und die unsere subjektive „Wirklichkeit" bilden.

Theorien sind Bilder

Die Theorien, die wir uns dabei über diesen Vorgang und über die Struktur der „dahinter" stehenden Realität machen, sind dann ebenfalls nichts anderes als „Bilder"; Bilder, die lediglich einen höheren Grad an Reflexion und Abstraktion, an Intersubjektivität und inneren Schlüssigkeit beanspruchen, als unsere Alltagserfahrungen, die aber ihre Ausgangspunkte und Grundthesen ebensowenig überprüfen und beweisen können. Eine solche Theorie ist natürlich auch die systemische.

Die systemische Sicht von Organisationen

Das was wir als Realität erleben, ist also in einem hohen Maße von unseren Vorstellungen, Theorien und inneren Bildern abhängig. Dies ist solange unproblematisch, solange wir nicht auf die Idee verfallen, unsere mentalen Landkarten mit der Landschaft verwechseln, in der wir uns bewegen, oder schlimmer noch, diese für die einzige „objektive" und „absolute" Wirklichkeit und Wahrheit zu halten.

Entsprechend dieser Sichtweise, können Organisationen „als Erfindungen von Menschen angesehen werden, die dem Erlebensstrom übergestülpt werden, und ihm für den Augenblick eine gewisse Ordnung aufzwingen" (*Weick*, 1995: 24). Da aber unsere „Landkarten" nie den ganzen Erlebensstrom abbilden, ist zu beachten, "daß viele Teile des Erlebensstroms unorganisiert bleiben und daß die Teile, die zeitweilig durch übergestülpte Ideen und Konzepte organisiert werden, mehrdeutig bleiben" (*Weick*, ebd.).

Organisationen sind Erfindungen von Menschen

Auf Organisationen angewandt, liefert diese Definition eine plausible Erklärung für die Diskrepanz zwischen der rationalen Struktur einer Organisation und dem, was tatsächlich, „irrational" und chaotisch erlebt wird. Das Handeln in Organisationen besteht daher zum großen Teil darin, die selbsterzeugte Vielzahl von Mehrdeutigkeiten durch den konkreten Prozeß des Organisierens wieder zu einem Grad von Eindeutigkeit umzuformen, der ein gewisses Maß an Handlungssicherheit herstellt. Bei dem heutigen Grad an Komplexitätszunahme, dem sich viele Organisationen gegenüber sehen, kein leichtes Unterfangen. Zumal nach der kybernetischen Grundregel nur solche Systeme ihre Überlebensfähigkeit sichern, denen es gelingt, die Variationsbreite ihrer Verhaltensmöglichkeiten so hoch zu halten, wie die Zahl an unterschiedlichen Vorgaben aus den jeweiligen Bezugssystemen der relevanten Umwelt.

Rationale Strukturen, irrationale Prozesse

Auf zwei unterschiedliche Möglichkeiten, dem „Erlebenstrom, Ideen und Vorstellungen überzustülpen", weist *Heinz von Foerster* (1985) mit der Unterscheidung zwischen nicht-lebenden und lebenden Systemen hin. Er prägt für diese Unterscheidung den Begriff der trivialen vs. der nicht-trivialen Maschine und weist an Hand dieses Modells auf zwei grundverschiedene Herangehensweisen im Umgang mit sozialen Systemen hin. Mit dem Begriff „Maschine" meint *Foerster* nicht etwa irgendein mechanisches mehr oder weniger gut ausgetüfteltes Gebilde, sondern eine formale Struktur, die es erlaubt, die Ergebnisse ihrer internen Transformationen vorherzusagen. Er verknüpft damit vor allem eine bestimmte Art zu denken und damit verbunden eine Weltsicht, die der eigenen Wahrnehmung und dem eigenen Handeln Orientierung verschafft. Den prinzipiellen Unterschied zwischen trivialen und nicht-trivialen Maschinen illustriert *Foerster* mit einem Beispiel: Wenn man einem Stein einen Fußtritt versetzt (Input) kann man, vorausgesetzt man hat die entsprechenden Daten, wie aufgewendete Energie, Gewicht des Steines, Luftwiderstand, Erdanziehungskraft etc., exakt Flugbahn und Flugweite vorhersagen. Gibt man den gleichen Input einem schlafenden Hund, so ist der Ausgang dieser Aktion (der Out-Put) erheblich schwieriger vorhersehbar und Prognosen lassen sich nur auf der Ebene der Wahrscheinlichkeit treffen.

Triviale und nicht-triviale Maschinen

1.6.3 Organisationen als triviale Maschinen

Konstruktion einer planenden Vernunft

Das Modell der trivialen Maschine auf Organisationen zu übertragen, bedeutet folgerichtig, sie als rein zweckgerichtete menschliche Zusammenschlüsse, als Konstruktionen einer planenden und gestaltenden Vernunft zu sehen. Sie werden dann in der Vorstellung zu Maschinen, deren Einzelteile nach einem genauen Plan konstruiert und zusammengesetzt sind, um ihr beabsichtigtes Funktionieren zu sichern. Hierin enthalten sind einige implizite Vorstellungen über die Steuerbarkeit von Systemen, wie

- Beherrschbarkeit (Kontrolle über alle systeminternen Vorgänge);
- Prognosefähigkeit (z. B. exakte Vorhersagen über bestimmte Entwicklungen der Klientengruppe);
- definierte Verfahren zur Abwicklung interner Vorgänge;
- exakte Planung von Arbeitsprozessen und Ressourceneinsatz;
- festgelegte Reaktionsmuster bei der Abweichung von Vorgaben.

trivialisierende Vorstellung über die Steuerbarkeit

Wo diese Vorstellungen dominant vorhanden sind, wird das zu steuernde soziale System mit der simplen Funktionsweise einer einfachen, eben trivialen Maschine gleichgesetzt. Entsprechend wird erwartet, daß nach einem gezielten Input mit hoher Zuverlässigkeit ein bestimmter Output folgt (wie bei Kaugummiautomat, Waschmaschine, Armbanduhr, etc.).

Gravierende soziale Folgen

Diese Sichtweise zeugt nicht nur von einer gewissen sozialen Einfachheit im Denken, sie hat auch ganz gravierende soziale Folgen im Umgang mit Menschen und sozialen Systemen. Ohne die genaue innere Funktionsweise des Kaugummiautomaten zu kennen, kann ich mich darauf verlassen, daß wenn ich eine Zehnpfennigmünze in den Schlitz werfe, ich mit hoher Zuverlässigkeit eine der Kugeln des Behälters erhalten werde. Tritt die Erwartung an den gewünschten Output nicht ein, liegt der Schluß nahe, daß die Maschine irgendwie gestört (kaputt) ist und bestimmte einzelne Teile ihre Funktion nicht mehr so erfüllen, wie sie im Sinne des erwarteten Ergebnisses tun sollten.

Umgesetzt auf Organisationen heißt dies (oftmals gegen alle gemachten Erfahrungen) mit einem bestimmten Input (Anweisung, Personalmaßnahme, neues Konzept, Umstrukturierungsmaßnahme, Training etc.) ließe sich der beabsichtigte Erfolg zwangsläufig herbeiführen. Tritt der Erfolg nicht ein, lag es an dem verkehrten Input und damit an der mangelnden Kompetenz der Führungskraft oder an der Unwilligkeit der MitarbeiterIn, und es wird versucht, entweder durch Sanktionen oder Personalentwicklungsmaßnahmen das Problem zu bewältigen.

Die systemische Sicht von Organisationen

Diesem Konzept der trivialen Maschine, das in der Theorie und Praxis von Organisationen immer noch, wenn auch nicht mehr in Reinkultur so doch tendenziell, weit verbreitet ist, liegt eine lineare Ursache – Wirkungs -Denkweise zu Grunde.

Lineare Ursache-Wirkungs-Denkweise

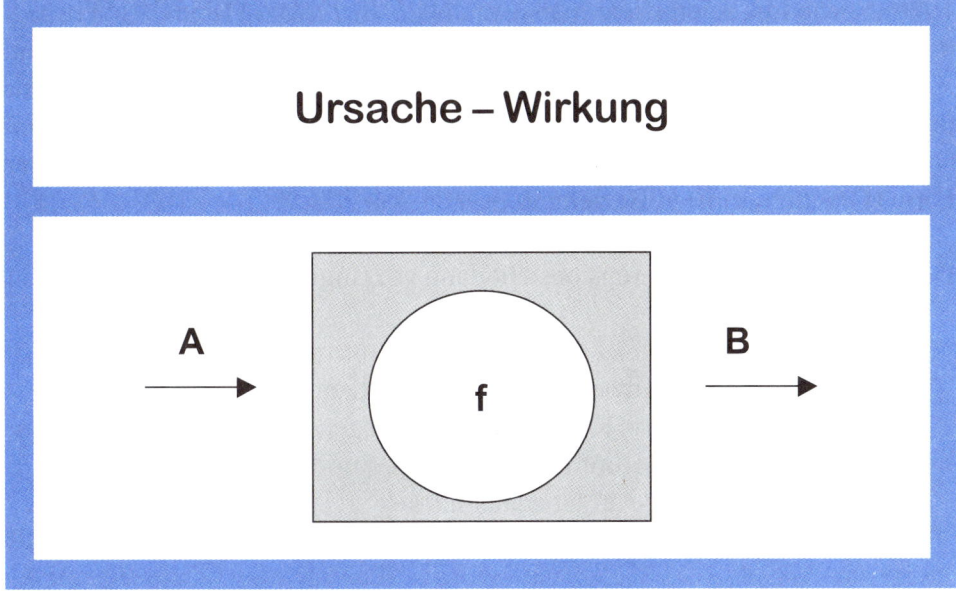

Abb. 16

Ihr möglicher Erfolg ist an folgende Voraussetzungen gebunden:

Konzept der trivialen Maschine
❐ Es ist möglich, sich ein umfassendes Wissen über Struktur und Funktionsweise anzueignen.
❐ Der Eigenzustand des Systems bleibt immer gleich.
❐ Die relevante Umwelt bleibt stabil.
❐ Es bestehen eindeutige und stabile Relationen zwischen den einzelnen Teilen des Systems.
❐ Die einzelnen Systemteile verhalten sich zuverlässig auf die vorbestimmt Art und Weise.
❐ Die Abläufe sind beliebig wiederholbar und damit die Zukunft berechenbar.
❐ Auftretende Störungen haben grundsätzlich mit einem auftretenden Mangel an Funktionsfähigkeit der einzelnen Teile und nicht mit den bestehenden Relationen zwischen ihnen zu tun.

Abb. 17

Die systemische Sicht von Organisationen

Aufbau ist zentralistisch, hierarchisch, starr

Folgen wir nun implizit oder explizit diesem Modell von Organisationen werden wir auch dazu neigen, diese wie Maschinen zu behandeln und danach trachten sie so aufzubauen. Der Aufbau so konstruierter Organisationen ist in der Regel zentralistisch, hierarchisch und starr. Diese Sichtweise, wie sie uns in der klassischen Organisationssoziologie im Gefolge *M. Webers* (1864-1920), sowie im „scientificic management" *F. W. Taylors* (1856-1915) begegnet, sei hier als mechanistisch – rational bezeichnet (*Schwarz* 1995: 33). Entsprechend wird der Prozeß des Organisierens darin bestehen, zweckrationale und bürokratische Konzepte zu entwerfen und umzusetzen. Um dies zu erreichen, werden definierte Teile (Stellenbeschreibungen) in einer bestimmten Form (Organigramm) in Beziehung gesetzt.

Der Prozeß des Organisierens besteht dann vorrangig darin,

- eindeutige Aufgaben zu definieren,
- in klare Handlungsanweisungen zu übersetzen,
- durch den Aufbau von Kommunikationswegen und die Einrichtung von Koordinations- und Kontrollmechanismen miteinander zu verbinden,
- damit eine optimale Aufgabenausführung sicherzustellen
- und auftretende Abweichungen entsprechend zu sanktionieren.

Fokus der Aufmerksamkeit auf Fehlern, Mißverständnissen und Abweichungen

Operieren Menschen, z.B. Führungskräfte in und mit Organisationen mit einem solchermaßen trivialisierenden Steuerungsverständnis, so liegt der Fokus der Aufmerksamkeit auf Fehlern, Mißständen, Abweichungen von beabsichtigten Soll-Zuständen. Die daraus resultierenden Maßnahmen und Interventionen sind folgerichtig darauf ausgerichtet, Fehler zu beseitigen oder ggf. zu sanktionieren, ganz im Sinne eines „Reparaturdienstverhaltens". Erklärungen für das Nicht-Funktionieren enden nicht selten in gegenseitigen Schuldzuweisungen.

Wir möchten Sie, liebe Teilnehmer und TeilnehmerInnen, an dieser Stelle dazu einladen, mit uns über zwei zentrale Begriffe dieses Konzeptes, Rationalität und Planbarkeit, nachzudenken und diese anhand Ihrer und unserer Erfahrungen kritisch zu beleuchten.

1.6.4 Zur Rationalität in Organisationen

Führungskräfte als Hüter der Rationalität

Der Begriff der Rationalität suggeriert zunächst einmal, daß das, was in Organisationen geschieht, vernünftig und logisch ist, auf ein bestimmtes Ziel hin erdacht, geplant, kalkuliert oder entworfen wurde. Wenn der Begriff so gebraucht wird, setzt dies voraus, daß das, was in Organisationen geschieht, zu irgendeinem Zeitpunkt erwartet oder geplant worden ist. Hört man die Berichte und Klagen von Mitgliedern aus Organisationen über Unordnung, Unvorhersehbarkeit und Unverbindlichkeit, die sie in ihrem Arbeitsalltag erleben, entsteht der Eindruck, daß im „wirklichen Leben" mit dem trivialen Konzept von Rationalität erhebliche Probleme bestehen. Die Vorstellung der zielsetzenden,

Die systemische Sicht von Organisationen

planenden, koordinierenden und durch Führungskräfte, als Hüter der Rationalität, überwachten Organisation wurde durch *Mintzberg* bereits in den 70er Jahren als Mythos entlarvt. Seine empirischen Untersuchungen belegen vielmehr, daß Führungskräfte die obengenannten Aktivitäten nur zu einem sehr geringen Teil systematisch-rational durchführen, vielmehr ist ihr Tagesablauf geprägt von der Bewältigung unvorhergesehener Ereignisse, die zu einer Vielzahl von hektischen Telefonaten, kurzen Gesprächen, ad-hoc- Sitzungen, Kurzprotokollen, Fehlerbeseitigungen führen (*Mintzberg* 1973).

...ein Mythos

Trotzdem gelingt es, diese häufig als chaotisch erlebten Zustände, in einen sinnvollen Fluß der Ereignisse zu bringen, den wir als Organisation wahrnehmen. Eine Möglichkeit, zu vermeiden, daß das Konzept der Rationalität inhaltslos wird, ist davon auszugehen, daß es so was wie begrenzte Rationalität gibt. Dieser Vorstellung entspricht das in der Organisationspsychologie entwickelte Modell des Eisbergs.

Begrenzte Rationalität

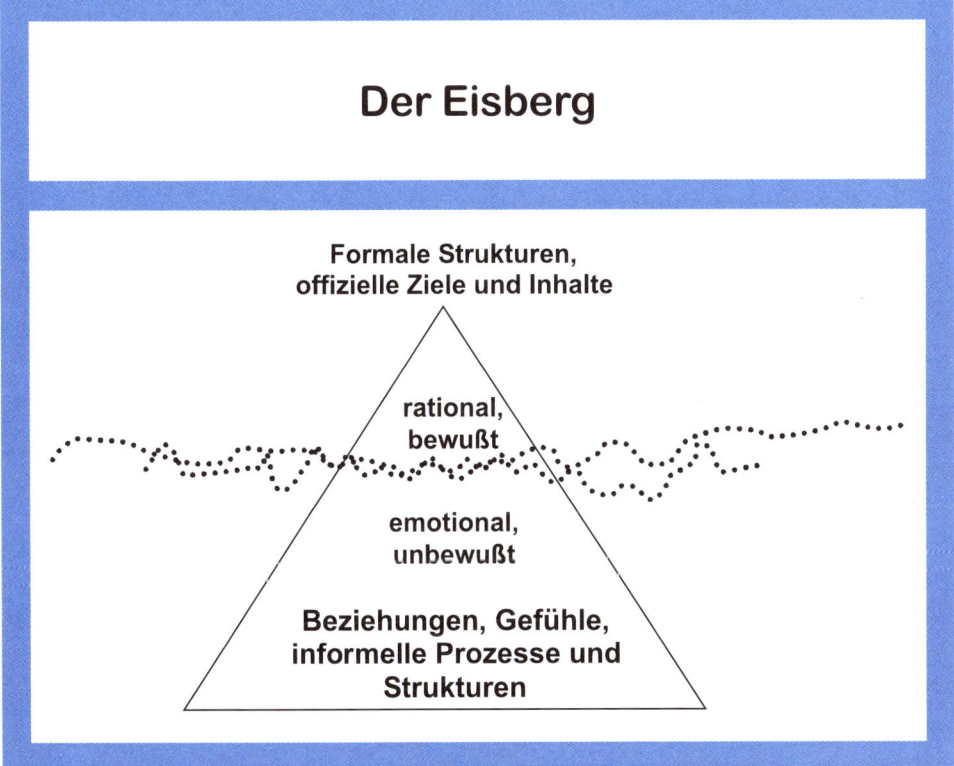

Abb. 18

Dieses Konzept beschreibt, daß nur ein sehr geringer Teil von dem, was in Organisationen passiert, rational ist (der Teil des Eisberges, der oberhalb der Wasseroberfläche liegt). Dieser Teil entspricht der formalen Struktur einer Organisation. Das was jedoch tatsächlich passiert, ist von dem Unbewußten, dem Irrationalen (dem erheblich größeren Teil unterhalb der Wasseroberfäche) bestimmt. Entsprechende Interventionen zielen nun mit mehr oder minder großem Erfolg darauf ab, diesen unbewußten Teil bewußt zu machen und die Organisation entsprechend zur Rationalität zu führen.

Die systemische Sicht von Organisationen

Rechtfertigungs- und Begründungs- zusammenhang

Oder wir können Rationalität auch als in sich schlüssigen Rechtfertigungs- und Begründungszusammenhang der einzelnen Akteure aus ihrer jeweiligen Perspektive und Interessenlage verstehen. Nach diesem Verständnis macht die Aussage: „......Organisationen betreiben rationale Entscheidungsfindung...", nur dann Sinn,

„wenn wir irgendeine Gruppe von Personen identifizieren können, die sich einig ist

- in bezug auf ein erwünschtes Ergebnis,
- einen spezifizierten Satz von Mitteln und Wegen zur Erreichung dieses Ergebnisses,
- die Art und Weise, wie diese spezifischen Mittel in Anwendung gebracht werden sollen und
- wie festgestellt werden soll, ob das gewünschte Ergebnis erreicht wurde oder nicht" (*Weick*, 1995:37).

Da diese vier Aspekte wohl in den seltensten Fällen bei einer größeren Zahl von Personen per se anzutreffen sind, gehen wir davon aus, daß es für Organisationen eher charakteristisch ist,

- daß zu jedem Zeitpunkt mehrere verschiedene und widersprüchliche Rationalitäten bestehen,
- daß diese sichtweisenspezifisch durchaus logisch und rational begründet sind,
- daß es daher nicht darum gehen kann, eine Rationalität durchzusetzen,
- sondern daß es darauf ankommt, durch einen konsensbildenden Prozeß ein sinnmachendes Konzept von dem, was der Organisation als Ganzes rational erscheint, auszuhandeln und gültig zu machen.

Denkanstoß zur Rationalität in Organisationen

- welche Teile, Abläufe in Ihrer Organisation erleben Sie als rational und welche nicht?
- Welche KollegInnen, MitarbeiterInnen denken wie Sie, welche nicht?
- Welche Unterschiede/Widersprüche ergeben sich daraus?
- Führen diese Unterschiede zu belebenden, kreativen Spannungen oder eher zu destruktiv erlebten Konflikten?
- Wie gehen Sie oder andere damit um?
- Welche dieser Widersprüche sollten Ihrer Ansicht nach schnellstmöglich geklärt werden?
- Welche Personen müßten an diesem Klärungsprozeß beteiligt werden?
- Wer vertritt welche „rationale" Position?
- Woran würden Sie merken, daß der Prozeß Erfolg hatte?
- Was wäre anders?

1.6.5 Zur Planbarkeit von Organisationen

Auch hier möchten wir zunächst einmal darauf hinweisen, daß wir sehr wohl der Meinung sind, daß Pläne ihren Sinn haben. Wir möchten jedoch auf häufige Managementfehler im Umgang mit solchen Plänen hinweisen, die dann zu Mißerfolg und Frustration führen. Den Grund hierfür sehen wir in der hier behandelten linearen Sichtweise, daß Pläne entscheidende Voraussetzungen (inhaltlich und zeitlich) der erfolgreichen Ausführung effektiver Handlungen seien. Auch hier treffen wir auf eine trivialisierende Steuerungsidee von Organisationen. Die folgenden zwei Aspekte erklären, warum eine ganze Reihe aufwendig gemachter Pläne und Konzepte, in der Schublade liegen bleiben oder bereits veraltet sind, bevor sie fertig getippt wurden:

Pläne sind nicht Voraussetzung erfolgreichen Handelns

1. ***Eine ganze Reihe von Funktionen, die das Anfertigen von Plänen in Organisationen hat, bleiben unberücksichtigt, wie z. B.***
   - ❑ Pläne gelten als Symbole. Wenn Organisationen Zweifel an ihrem Tun entwickeln, können Pläne für die Botschaft stehen, bald wird es besser.
   - ❑ Pläne sind Akquisitionsinstrumente, wenn es darum geht, Gelder neu zu beantragen oder den bisherigen Etat weiterhin zu erhalten.
   - ❑ Pläne sind Prüfsteine, wenn Kostenträger oder Führungskräfte testen wollen, wie ernst es die Leute mit dem geplanten Vorhaben meinen.
   - ❑ Pläne sind Vorwände zu Interaktionen, denn sie führen dazu, daß Menschen aus unterschiedlichen Organisationsteilen zur Unterhaltung über bestimmte Themen angeregt werden, die z.B. bisher eine geringe Priorität hatten. Das darf nicht unterschätzt werden. Viele Organisationsforscher, weisen darauf hin, daß die Wirksamkeit von Plänen darauf zurückzuführen ist, daß Kontakt entsteht und sich Leute daraufhin über die laufenden Ereignisse austauschen.
   - ❑ Pläne sollen Konflikte regulieren, wo eigentlich Konfliktmanagement erforderlich wäre.
   - ❑ Pläne enthalten Kriterien, an denen *nachträglich* überprüft werden kann, ob erreicht wurde, was man sich vorgenommen hat.

Diese unterschiedlichen Funktionen beim Erstellen von Plänen mit zu reflektieren heißt, zu prüfen, inwieweit auch die Absicht auf Umsetzung besteht.

2. Pläne reduzieren nicht nur Komplexität, sondern sie erhöhen sie auch.
Dieser zentrale Aspekt wird in der Praxis sehr häufig übersehen. Angelegt sind Pläne darauf, eine Vielzahl von zunächst diffusen Vorgaben in eine inhaltlich logische, zeitliche lineare Struktur zubringen, um Handlungsfähigkeit herzustellen. Dazu wird die vorhandene Komplexität reduziert. Bei der anschließenden Umsetzung holt einen diese Komplexität aber wieder ein, weil eine Reihe von nicht vorhersehbaren Wirkungen auftreten, die der „Nachregulierung" bedürfen. Das was klar und eindeutig erschien, wird vielfältig und chaotisch. Ressourcen und Kapazitäten zur Bewältigung dieses Regulierungsbedarfs waren nicht eingeplant, Fehler auf Grund von Eng-

Nicht vorhersehbare Wirkungen

> pässen passieren, die aus der Sicht der Beteiligten durchaus hätten vermieden werden können, Schuldige werden gesucht, keiner will's gewesen sein, Überforderung tritt auf, Motivation sinkt, es bedarf nicht eingeplanter Gespräche, der Bewältigung von Konflikten usw. Alle diejenigen, die seit Jahren in Organisationen arbeiten und mit Planungsaufgaben betraut sind, dürften diesen Teufelskreis kennen.

Denkanstoß zur Planung in Organisationen

- ❏ Welche konkreten Pläne gibt es in Ihrer Organisation?
- ❏ Welche der obengenannten Funktionen lassen sich aus Ihrer Sicht an diesen Plänen festmachen?
- ❏ Sehen Sie noch andere Funktionen? Welche?
- ❏ Für wen stellen sie eine handlungsrelevante Orientierung da, für wen nicht?
- ❏ Wird über diese Funktionen kommuniziert oder nicht?
- ❏ Überlegen Sie wie in Ihrer Organisation Planungsprozesse gestaltet werden?
- ❏ Welches sind die zentralen Themen, über die regelmäßig Pläne angefertigt werden?
- ❏ Wer ist an der Erstellung von Plänen beteiligt, wer nicht?
- ❏ Welche zeitlichen Kapazitäten werden für Planung bereitgestellt?
- ❏ Wer nimmt Pläne ernst, wer nicht?
- ❏ Welche Ressourcen werden für „Nachregulierungsbedarf" eingeplant?
- ❏ Wie wird mit Problemen in der Umsetzung umgegangen?

1.6.6 Organisationen als nicht-triviale Maschinen

Eigendynamik innerer Zustandsveränderungen

Das Grundproblem der Steuerungsphilosophie nach dem Modell der trivialen Maschine liegt darin, daß organische, psychische und soziale Systeme eben auf nicht-triviale Weise funktionieren. Nichttriviale Systeme sind in ständigem Wandel und weisen eine Eigendynamik auf, die sich der genauen Analyse und Beeinflussung von außen entzieht. Sie verfügen, da sie im Laufe der Zeit bereits eine Vielzahl von äußeren Ereignissen und inneren Zuständen durchlaufen haben, über eine potentiell unendlich große Bandbreite von Möglichkeiten, sich zu verhalten. Ohne Zugang zur Dynamik innerer Zustandsveränderungen und zur möglichen Kombinationsvielfalt der vorhandenen Elemente lassen sich also nur sehr schwer nach einem erfolgten Input Vorhersagen über einen (vorher-) bestimmten Output machen.

Die nicht – triviale Maschine besteht somit nicht, wie ihre triviale Schwester, aus einer unveränderlichen, bestimmten Funktion f, sondern diese Funktion ($Z_1 - Z_n$) ändert sich selbständig andauernd.

Die systemische Sicht von Organisationen

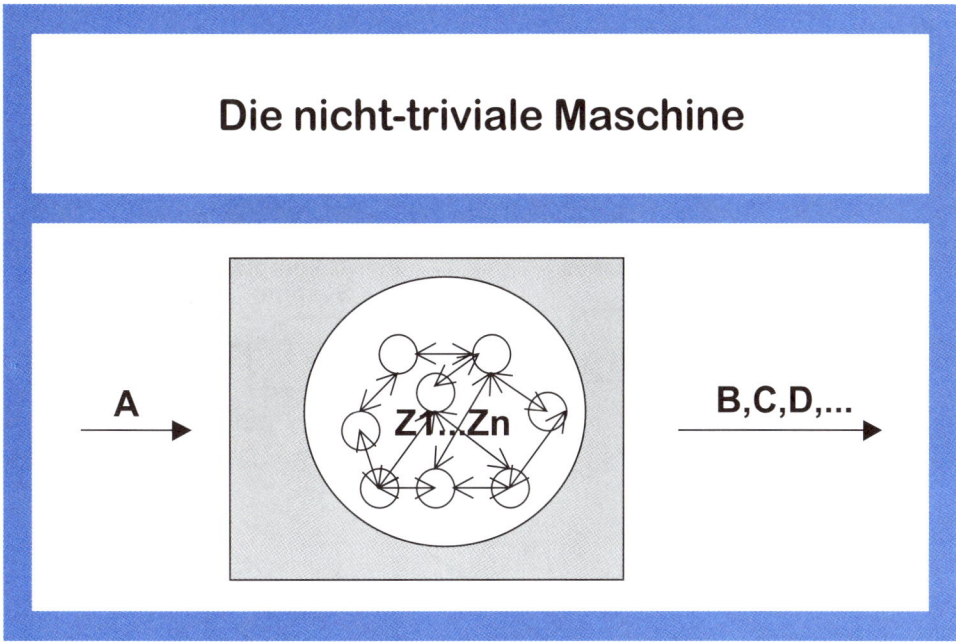

Abb. 19

Nichttriviale Systeme können also auf denselben „Input" – nach ihrem jeweiligen inneren Zustand – zu verschieden Zeiten verschieden reagieren. Sie handeln somit spontan und eigenständig, sie haben ein „Eigenleben" und einen „Eigen-Sinn". Und sie verfügen über eine unendliche Vielfalt und Variationsbreite an Verhaltensmöglichkeiten.

Eigenleben und Eigen-Sinn

Schon die Kombination von 2 Inputs und 2 Outputs mit 2 wechselnden Zuständen ergibt 65.536 mögliche Kombinationen. Jede beliebige Organisation erhält aber tagtäglich eine weit höhere Zahl an unterschiedlichen Anforderungen aus ihrer Umwelt und erbringt eine erheblich größere Menge an verschiedenen Leistungen. Und in ihr wirken stets mehrere Menschen zusammen mit unterschiedlichen Ideen und wechselnden Stimmungen und in vielfältigen Beziehungen, die ihre inneren Zustände mitbestimmen. Damit entsteht eine mögliche Variationsbreite, die sich unserem Fassungsvermögen entzieht. Lebende Systeme sind somit hochkomplex.

Das Verhältnis von einfachen und komplexen Systemen veranschaulicht das folgende Schaubild: (Abb. 20 folgende Seite)

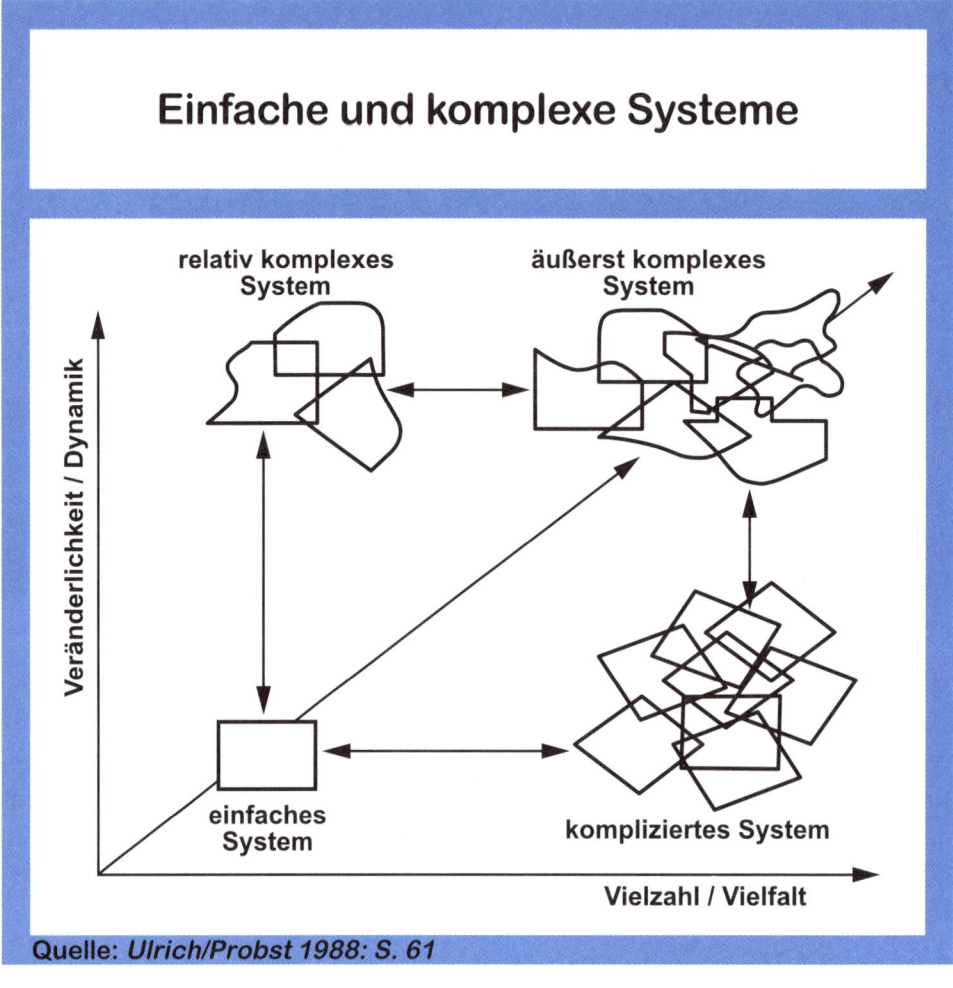

Abb. 20

Komplexität, Vielschichtigkeit, Vernetzung, Folgelastigkeit

Nach *H. Wilke* bezeichnet Komplexität den Grad der Vielschichtigkeit, Vernetzung und Folgelastigkeit eines Entscheidungsfeldes (*Wilke,* 1993:22).

Vielschichtigkeit	Grad der funktionalen Verknüpfung eines Sozialsystems und die Zahl der unterschiedlichen Referenzebenen, z.B. Individuum, Gruppe, Organisation.
Vernetzung	Art und Grad der wechselseitigen Abhängigkeiten zwischen Teilen sowie zwischen Teilen und Ganzem.
Folgelastigkeit	Die Zahl und das Gewicht der durch eine bestimmte Entscheidung in Gang gesetzten Kausalketten oder Folgeprozesse innerhalb des in Frage stehenden Sozialsystems.
Entscheidungsfeld	Es gibt keine Komplexität an sich, sondern Komplexität besteht nur in Hinsicht auf ein bestimmtes Problem.

Eingriffe in komplexe Systeme sind nie exakt planbar und kalkulierbar: sie können aufgrund der Vernetzung und Wechselbeziehung zwischen den Systemelementen u.U. Hochschaukelungseffekte auslösen, die in keinem „vernünftigen" Verhältnis zur Intensität des Eingriffs stehen, wie uns die Chaosforschung aufgezeigt hat. Und sie können Nebenwirkungen produzieren, mit denen niemand gerechnet hatte. Genau so gut können sie aber auch wirkungslos am Widerstand und an der Eigendynamik des Systems abprallen.

Eingriffe sind nie exakt planbar und kalkulierbar

1.6.7 Organisationen als soziale Systeme

Organisationen aus einer systemischen Beobachtungsperspektive als lebende Systeme zu beschreiben, heißt, sie als Ganzheiten zu konzeptionieren, deren einzelne Teile (wie KlientInnen und AuftraggeberInnen, MitarbeiterInnen und ManagerInnen, Teams und Abteilungen, Konzepte und Pläne, materielle Ausstattung etc.) in einem wechselseitigen Bedingungsgefüge stehen, in dem jedes Element als relevante Kontextbedingung die Möglichkeiten aller anderen mitbestimmt. Und es bedeutet, ihnen wie lebenden Organismen, die Fähigkeit zur Selbstorganisation und Selbstregulierung zuzusprechen, mit der sie aus sich selbst heraus ihre inneren Abläufe gestalten und die Strukturen und Regeln entwickeln, die sie zum Überleben brauchen und mit der sie „eigenwillig" auf Impulse und Eingriffe von außen reagieren.

Wechselseitiges Bedingungsgefüge, Fähigkeit zur Selbstorganisation und Selbstregulierung

Gleichzeitig ist hier allerdings eine wichtige Differenzierung angebracht: Soziale Systeme und damit auch Organisationen sind im Unterschied zu lebenden Organismen für uns *Systeme Zweiter Ordnung,* die nicht selber, sondern nur über die Menschen denken und handeln können, von denen sie gebildet werden, und die sich daher ausschließlich über die Kommunikation und Interaktion dieser Menschen regulieren und steuern. Und diese Kommunikation ist prinzipiell offen, da Menschen ihre Umwelt verschieden interpretieren und entsprechend handeln.

Systeme zweiter Ordnung

Eine solche Unterscheidung ist notwendig, um der Gefahr zu entgehen, den Systemcharakter sozialer Systeme „organizistisch" überzuinterpretieren und damit eine ideologische Rechtfertigung dafür zu liefern, die Autonomie der an ihnen beteiligten Individuen und ihre zwangsläufigen Differenzen und Konflikte zugunsten angeblicher Systemzwänge zu leugnen und zu unterdrücken.

Gefahr der „organizistischen" Überinterpretation

Besonders gut läßt sich das Spezifische sozialer Systeme in Abgrenzung sowohl zu technischen wie zu organischen Systemen anhand der Herausbildung von Regeln und Normen darstellen. Solche handlungsleitenden Ordnungsprinzipien sind ihnen nicht, wie bei trivialen Maschinen, einfach vorgegeben, sondern entstehen aus dem Mit- und Gegeneinander der in ihnen handelnden Menschen, über den Austausch und die Abstimmung gegenseitiger Erwartungen. Dabei entwickelt sich ein Teil dieser Regeln, ähnlich wie in Organismen, spontan und „naturwüchsig" bzw. unreflektiert (so die Normen und Gebräuche, welche die „Kultur" einer Organisation ausmachen); ein anderer Teil der

Herausbildung von Regeln und Normen

Die systemische Sicht von Organisationen

Regeln dagegen muß durch bewußte Setzung, sei es aufgrund von Diskussion und Abstimmung oder durch autoritäre Anordnung eingeführt werden. Die Steuerungs- und Funktionsfähigkeit von Organisationen beruht dabei allerdings zu einem großen Teil auf ersteren, wie beim „Dienst nach Vorschrift" schlaglichtartig deutlich wird, wo die informellen, spontanen Regeln nicht mehr greifen, die die formell aufgestellten Regelungen sinnvoll ergänzen und korrigieren.

Selbstbezüglichkeit

Organisationen als lebende soziale Systeme zu begreifen, heißt auch anzuerkennen, daß sie sich primär auf sich selbst beziehen, m. a. W. daß sie sich weniger an den von ihnen verkündeten Zielen und den Interessen ihrer Umwelt orientieren, sondern primär an ihrem Eigeninteresse zu überleben und zu wachsen, und daß sie sich daher gegen Einflüsse und Eingriffe sperren, die diesen Interessen zuwiderlaufen.

Das Dilemma von Anpassung und Abgrenzung

Hier stehen allerdings Organisationen, wie alle lebenden Systeme vor einem Dilemma: Sie sind, um zu überleben, angewiesen auf einen ständigen Austausch von Materie, Energie und Information mit anderen Systemen in ihrer Umwelt und müssen daher auf sie Rücksicht nehmen und sich ihren Erwartungen anpassen. Zugleich aber müssen sie sich dieser Umwelt gegenüber abgrenzen und als Systeme definieren, um ihre Besonderheit und Eigenständigkeit, ihre „Identität" zu bewahren. Diese Dilemma ist dabei für Organisationen schwieriger zu lösen, als für andere lebende Systeme, da sie sich als von uns selbst geschaffene Systeme Zweiter Ordnung überhaupt erst im Akt ihrer Unterscheidung zu ihrer Umwelt konstituieren und sich in der Konkurrenz mit anderen Organisationen ständig neu beweisen müssen und da sie im Unterschied zu „natürlichen" sozialen Systemen, wie Familie, peer-group und Nachbarschaft existentieller auf ihre relevanten Umwelten angewiesen sind.

Das soziale System Familie

Das soziale System „Familien" bezieht seinen Existenzgrund aus sich selber, aus seinem einfachen „Da-Sein". Für eine Familie kann die Beziehung zum Arbeitgeber der Mutter oder des Vaters zwar erheblich ihre Existenz beeinträchtigen, endet diese Beziehung jedoch, indem der Arbeitgeber ein Kündigungsschreiben verfaßt, löst sich die Familie als solche nicht auf (siehe Abb. 21 folgende Seite).

Das System „Organisation"

Bei Organisationen ist das anders. Sie sind in ihrem „Da-Sein" gänzlich abhängig davon, daß ihre externen Beziehungen zu Auftraggebern und Klientel aufrecht erhalten bleiben, sonst verliert die Organisation ihren Daseinsgrund und löst sich auf. Eine Firma macht Bankrott, weil die Form ihrer Beziehungsgestaltung, für ihre Kunden attraktive Produkte oder Dienstleistungen herzustellen, für die diese bereit sind Geld zu zahlen, nicht mehr (aus welchen Gründen auch immer) gelingt (siehe Abb. 22 folgende Seite).

Die systemische Sicht von Organisationen

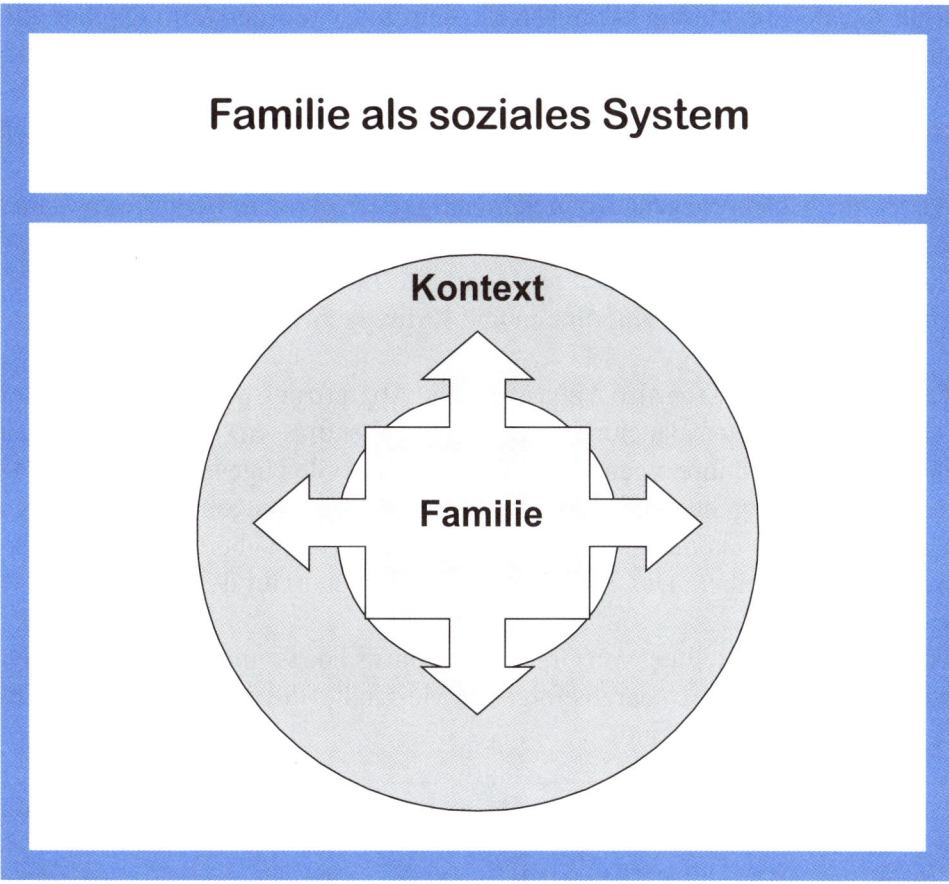

Abb. 21

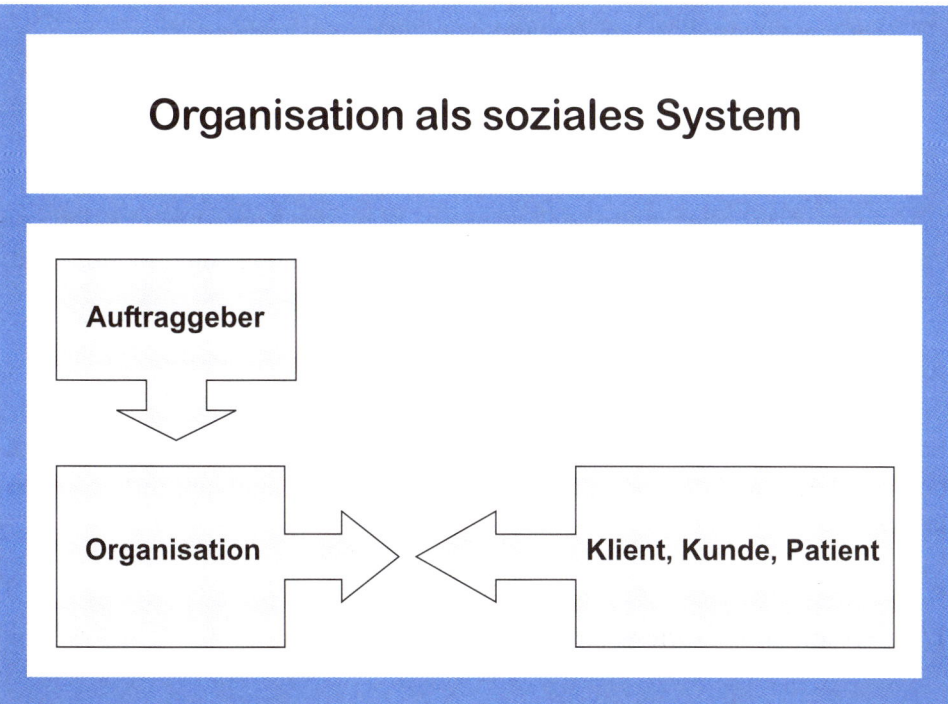

Abb. 22

Die systemische Sicht von Organisationen

Eine soziale Einrichtung kommt in Existenznöte, weil der Auftraggeber z.B. die Kommune, bezweifelt (aus welchen Gründen auch immer), daß die öffentlichen Gelder in ihrem Sinne gut investiert sind; oder weil durch Veränderung der sozialpolitischen Landschaft, (bosnische Kriegsflüchtlinge werden zurückgeschickt) ihr die KlientInnen „ausgehen".

Andererseits kann sie genauso in Schwierigkeiten geraten, wenn sie vor lauter Anpassung an ihre Geldgeber und/oder KlientInnen ihre Besonderheit aufgibt, aus der sich das Engagement ihrer MitarbeiterInnen speist und an der sich oft auch das Interesse ihrer KundInnen und Auftraggeber orientiert.

Ausbalancieren von Anpassung und Abgrenzung

Organisationen müssen also Anpassung und Abgrenzung gegenüber ihrer Umwelt ständig neu ausbalancieren. Gleichzeitig aber müssen sie die Komplexität ihrer Umwelt und ihre eigene Komplexität so ins Gleichgewicht bringen, daß sie differenziert genug auf die Wünsche und Anforderungen ihrer relevanten Umwelt eingehen können und dabei für sich selbst noch überschaubar und damit steuerbar bleiben. Das erscheint oft als die Quadratur des Kreises.

Die Frage nach ihrer Steuerung

Folgt man der Vorstellung von Organisationen als hochkomplexen sozialen Systemen, so ergeben sich daraus folgende Merkmale, die für die Frage nach ihrer Steuerung relevant sind:

Merkmale komplexer sozialer Systeme

☐ Sie bestehen aus einer Unzahl verschiedener Elemente, mit starker Vernetzung und vielen veränderlichen, rückgekoppelten Wirkungsabläufen.
☐ Sie sind „geschichtsabhängig", d.h., daß sich ihre Zustände im Laufe ihrer Entwicklung verändern.
☐ Ihr jeweiliger aktueller Zustand ist nicht voraussagbar.
☐ Sie sind damit nur beschränkt analysierbar und quantifizierbar bzw. durch eine quantifizierende Analyse wird das Wesentliche an ihnen nicht erfaßt.
☐ Sie organisieren und reproduzieren sich laufend selbst.
☐ Eingriffsmöglichkeiten von außen sind durch die Eigendynamik des Systems prinzipiell eingeschränkt und in ihrer Wirkung kaum planbar und kontrollierbar.

Abb. 23

So bleibt uns zum Schluß die Frage, ob und wie sich solche komplexen, unberechenbaren und eigensinnigen Systeme denn überhaupt vernünftig steuern lassen.

1.7 Geschichten zum Abschluß des Tages

Unsere Reise in das Land der Organisationen endete mit der Frage nach ihrer Steuerung. Zum Abschluß unseres ersten Tages möchten wir Ihnen daher noch ein paar kleine Geschichten erzählen, die uns ganz unterschiedliche Antworten auf diese Frage geben.

Saint-Simon oder der Glaube an die Wissenschaft

Graf *Henri Claude de Saint-Simon* war eine der faszinierendsten Prophetengestalten im Übergang zwischen dem 18. und 19. Jahrhundert. Als Sproß eines der ältesten Geschlechter Frankreichs geboren, das seine Abstammung bis auf Karl den Großen zurückführte, beteiligte er sich aktiv am amerikanischen Unabhängigkeitskrieg, verzichtete in der französischen Revolution auf seinen Adelstitel und wurde dann zum glühenden Anhänger Napoleons, in dem er „den wissenschaftlichen Führer der Menschheit, sowie ihr politisches Oberhaupt" sah, welcher sie in ein neues Zeitalter führen wird. Sich selbst sah er als den Messias dieses neuen Zeitalters, des Zeitalters der Industrie: „Die Gesamtheit der Gesellschaft beruht auf Industrie. Die Industrie ist die alleinige Gewähr für ihr Bestehen, die einzige Quelle ihres Reichtums und ihres Wohlergehens. Die Ordnung der Dinge, die für die Industrie am günstigsten ist, ist daher hierdurch allein die für die Gesellschaft günstigste."

Das Industriesystem basiert auf Disziplin und wissenschaftlichen Prinzipien. Die Wissenschaft wird in dieser Zeit die gesamten Gesetze der Natur erkennen und aus diesen auch die bestimmenden Gesetze der Gesellschaft ableiten und ein vollständiges wissenschaftliches System des Weltalls entwickeln, das den Menschen die Möglichkeit geben wird, die Weltgesellschaft friedlich und produktiv zu steuern und die Herrschaft und Gewalt über Menschen durch die Verwaltung von Dingen zu ersetzen. Dieses wissenschaftliche System wird zugleich die neue Weltreligion sein, die von den Gelehrten in einem neuen Katechismus formuliert, an den Schulen und Universitäten von ihnen gelehrt und in einem Rat der Weisen in Gesetze gefaßt wird, welche die gesellschaftliche Ordnung bestimmen, während die Industriellen diese Ordnung administrativ umsetzen. Auf diese Weise wird gesichert, „. . .daß dann das ganze Menschengeschlecht nur eine Organisation und eine Religion haben werde. Das goldene Zeitalter der Menschheit liegt nicht hinter uns; es liegt vor uns; es besteht in der Vollkommenheit der Gesellschaftsordnung: unsere Väter haben es nicht gesehen, unsere Kinder werden es eines Tages erleben; an uns ist es, den Weg zu ebnen."

Zitate von *Saint-Simon* aus: *Talmon, J.L.* (1963): Politischer Messianismus, Köln/Opladen, S. 21ff.

Der Sündenbock – ein gutes Mittel, die Komplexität von Umweltanforderungen zu reduzieren

Ben Malaussene ist Angestellter in einem großen Kaufhaus in Paris. Er erzählt uns darüber:

„Klar, mein Job ist schon merkwürdig. Aber so merkwürdig nun wiederum auch nicht. Ich bin sicher, daß es in jeder Firma eine(n) wie mich gibt: einen Sündenbock. An dem alles hängenbleibt. Der alle Schuld auf sich nimmt. Und der zumindest verbal mehrmals am Tag Prügel bezieht. Stimmt's?
Bei mir gibt's nur den Unterschied, daß ich für meine Rolle engagiert und bezahlt bin. Lehmann, der für den Kundendienst zuständig ist, macht den Kunden, die ihre gekauften Artikel reklamieren, klipp und klar, daß es ganz allein meine Shuld sei, wenn der Kühlschrank brenne, das Radio dahinschmelze, das Bett zu Bruch gehe. Okay, okay, unsere Show ist so gut, daß alle Kunden ihre Wut vergessen, damit ich meinen Job behalten kann."

(aus *Pennac. D.* (1995): Im Paradies der Ungeheuer? rororo Thriller Nr. 990, Reinbek)

Die Lehre von der Untätigkeit und Gelassenheit

Passivität, Ruhe, Gereiftheit, Gelöstheit und Untätigkeit bezeichnen die Dinge des friedvollen Alls und stellen den Höhepunkt der Entwicklung des Tao und des Charakters vor. Darum suchen der Herrscher und der Weise hierin ihren Ruhepunkt. Ausruhen heißt passiv sein, passiv sein, heißt Kraftreserven haben, und Kraftreserven bedeuten Ordnung. Passivität bedeutet Ruhe, und wenn die Ruhe wieder zur Tätigkeit wird, ist jede Tätigkeit richtig. Ruhe bedeutet Untätigkeit, und wenn der Grundsatz der Untätigkeit vorherrscht, tut jedermann seine Pflicht.

Wenn daher ein Edler unausweichlich genötigt wird, die Regierung des Reiches zu übernehmen, gibt es nichts Besseres als das Nicht-Tun (das Sich-selbst-Überlassen). Nur durch Nicht-Tun kann er bewirken, daß das Volk seine Lebensinstinkte friedlich auslebt. Darum kann dem, der die Welt wie sein eigenes Selbst schätzt, die Weltregierung anvertraut, und dem der die Welt wie sein eigenes Selbst liebt, die Sorge um die Welt übertragen werden. Wenn darum der Edle es unterläßt, das innere Gleichgewicht der Menschen zu stören und die Kräfte des Sehens und Hörens zu rühmen, kann er stillsitzen wie ein Leichnam oder aufspringen wie ein Drache, schweigen wie die Tiefe oder mit Donnerstimme reden, weil die Regungen seines Geistes das natürliche Räderwerk des Himmels spielen lassen. Er kann ruhig und müßig bleiben und nichts tun, während alle Dinge reifen und ihrer Vollendung entgegengehen.

(aus: *Lin Yutang* (Hg) Laotse, Fischer Bücherei, Hamburg 1955, S. 134/35 und S. 51)

Die systemische Sicht von Organisationen

Lernen durch Erfahrung

Hierzu erzählt uns *Milton Erikson,* der große therapeutische Magier:

> Das Lernen durch Erfahrung ist viel erzieherischer als das bewußte Lernen. Man kann alle Schwimmbewegungen lernen, während man bäuchlings über dem Klavierstuhl liegt. Man kann den Rhythmus einüben, das Atmen, die Kopfbewegungen, Arm- und Fußbewegungen usw. Wenn man ins Wasser kommt, kann man nur wie ein kleiner Hund paddeln. Schwimmen muß man im Wasser lernen. Und wenn man das begriffen hat, dann hat man wirklich etwas gelernt.
>
> Lernen durch Erfahrung ist das Wichtigste. Während wir zur Schule gingen, lernten wir alle, man solle bewußt lernen. Man hat unbewußt gehandelt in bezug auf das Wasser, und man hat gelernt, den Kopf zu rollen, mit den Händen zu paddeln und mit den Füßen zu treten in einem ganz bestimmten Rythmus – in Beziehung zum Wasser.
>
> Und wer nicht schwimmen kann, weiß nicht, kann nicht beschreiben, wie es sich anfühlt, die Füße im Wasser zu haben, das Wasser auf den Händen, wie sich der Sog des Wasser anfühlt, wenn man den Körper nach rechts und links dreht, wie zum Beispiel beim australischen Kraulen.
>
> Wenn man auf dem Rücken schwimmt, weiß man darüber Bescheid. Wieviel Aufmerksamkeit schenkt man beim Rückenschwimmen dem Wasserkissen unter dem Rücken? Wenn du jemals nackt gebadet hast, wirst du wissen, welche scheußliche Behinderung ein Badeanzug ist. Das Wasser gleitet viel leichter über deine Haut, wenn du nackt bist. Und ein Badeanzug ist ganz sicher ein Handicap."

(aus: *Rosen, S. (Hg),* (1990): Die Lehrgeschichten von *Milton H. Erikson* Hamburg, S. 170/71)

Literatur

Ashby, R. W. (1974: Einführung in die Kybernetik. Frankfurt/M.
Cramer, F. (1993): Chaos und Ordnung. Die Struktur des Lebendigen. Frankfurt/M.
*Escher, M. C. (*1994): Der Zauberspiegel des M. C. Escher, Köln
Foerster H.v. (1985): Sicht und Einsicht. Braunschweig
Gomez, P./Probst, G. (1997): Die Praxis des ganzheitlichen Problemlösens, Bern/Stuttgart
Graf, P. (1996): Soziale Organisationen als soziale Systeme. In Hauser/Neubarth/Obermaier: Management-Praxis. Handbuch sozialer Dienstleistungen. Neuwied/Kriftel

Harris, T. (1973): Ich bin O.K. Du bis O. K. – eine Einführung in die Transaktionsanalyse. Hamburg
Laotse, hrsg. Von Lin Yutang, Fischer-Bücherei, Hamburg 1955
Luhmann, N. (1984): Soziale Systeme – Grundriß einer allgemeinen Theorie. Frankfurt/M.
Mintzberg, H. (1973): Management-Prozesse. Bern/Stuttgart
Rosen. S. (Hg): Die Lehrgeschichten von Milton H. Erikson Hamburg 1990
Schreyögg, G. (1990): Unternehmenskultur I/II/III, Hagen
Talmon, J. L. (1963): Geschichte der totalitären Demokratie, Bd. 2 Politischer Messianismus. Köln/Opladen
Ulrich, H./Probst, G. (1988): Anleitung zum ganzheitlichen Denken, Bern/Stuttgart
Weick, K. (1995): Der Prozeß des Organisierens, Frankfurt/M.
Wilke, H. (1993) Systemtheorie Bd. 1, Stuttgart
ders. (1996): Systemtheorie Bd. 2, Stuttgart
ders. (1995): Systemtheorie Bd. 3, Stuttgart

Steuern und Führen in Organisationen

2. TAG

VORMITTAG: STEUERN UND FÜHREN IN ORGANISATIONEN

2.1 Reflexion des Vortages

Liebe Teilnehmerinnen und Teilnehmer!

Lassen Sie uns mit einer kurzen Anfangsrunde beginnen. Wir sind nach dem anstrengenden gestrigen Tag sehr neugierig auf Ihre „blitzlichtartige" Antwort auf die Frage:

Anfangs-„Blitzlicht"

- Wie geht es Ihnen heute morgen?
  Und:
- Was beschäftigt Sie noch von gestern?

Einige besonders markante Antworten könnten lauten:

- ❒ Ich bin verwirrt und frage mich: Macht es denn angesichts der enormen Komplexität von Organisationen überhaupt noch Sinn, sich mit Planung und Steuerung zu beschäftigen?
- ❒ Ich bin eher ärgerlich. Ich finde, wir haben uns gestern zu sehr mit theoretischen Spielereien beschäftigt. In der Praxis müssen wir schließlich handeln und wir tun das auch – und nicht selten auch mit Erfolg!
- ❒ Ich bin erleichtert. Die Einsicht, daß Organisationen eigentlich gar nicht zu steuern sind, entlastet mich, nimmt mir einigen Druck. Das Zitat von *Laotse* gestern abend hat mir daher gut gefallen.
- ❒ Auch mir geht es so. Ich spüre eine größere Gelassenheit und die Lust, mich in kleinen überschaubaren Einheiten, in meiner Familie und in meinem Team, auf das Sichtbare und Machbare zu konzentrieren und auf die großen, globalen Strategien zu verzichten.
- ❒ Mir ist fast ein wenig zynisch zumute: Wenn es schon nicht möglich ist, Organisationen sinnvoll zu steuern, so müßten wir trotzdem so tun, als ob es ginge, sonst nehmen wir den meisten Menschen ja ihre Illusionen und treiben sie zur Verzweiflung.
- ❒ Ich halte Ihre Darstellung von gestern nachmittag für übertrieben. Bei aller Komplexität und Dynamik gibt es doch Erfahrungswerte darüber, was in der Regel wie läuft, welche Trends wahrscheinlicher sind als andere und welche Handlungen mehr Erfolg versprechen.
- ❒ Wir sollten daher hier mehr über praktische Möglichkeiten, als über theoretische Unmöglichkeiten reden. Denn: Schwimmen lernt man nur beim Schwimmen, wie wir gestern zum Schluß gehört haben.

„Verstörungen"

Vielen Dank für diese offene Rückmeldung, die uns zeigt, daß das gestrige Thema eine gewisse Beunruhigung und Verunsicherung bei ihnen ausgelöst hat. Als Systemiker müssen wir diesen Zustand begrüßen, da nach unserer Auffassung alle Systeme und damit auch wir selber uns am besten über solche „Verstörungen" für Neues öffnen und dadurch verändern können. Und so hoffen wir, daß Sie mit uns neugierig sind darauf, welche Antworten wir heute auf die Frage finden, ob und wie Organisationen trotz ihrer Komplexität zu steuern sind. Wir haben unserem heutigen Referat daher den Titel gegeben:

2.2 Referat: Wie steuern wir komplexe soziale Systeme – oder: Der mit dem System tanzt.

Versuch der Steuerung und Beeinflussung

Das Ergebnis von gestern schien ja erst einmal zu sein, daß lebendige, soziale Systeme und vor allem Organisationen, eine Vielfalt an Bewegungen und Figuren, an Prozessen und Strukturen entwickeln, die wir kaum oder gar nicht durchschauen können und damit eine Dynamik entfalten, die sich jeder bewußten und gezielten Steuerung entzieht. Andererseits wissen wir alle aus unserem Alltag, daß wir eine solche Steuerung und Beeinflussung immer wieder versuchen, sei es als Eltern bei der Erziehung unserer Kinder, als Führungskräfte bei der Leitung von Sitzungen und der Anleitung von Teams, als FortbildnerInnen, TrainerInnen und BeraterInnen bei dem Versuch, unseren TeilnehmerInnen etwas beizubringen oder einsichtig zu machen. Und wir haben dabei wechselnde Gefühle von Erfolg und Mißerfolg, von gelungener und mißlungener Steuerung.

Doch, wann können wir von Erfolg sprechen? Wenn wir unsere Vorstellungen durchgesetzt, oder wenn wir eine gemeinsame Lösung gefunden haben?

Abb. 24

Steuern und Führen in Organisationen

Der Tanz

Schauen wir dazu einmal auf den Tanz, ob er uns Anregungen zur Steuerung komplexer Systeme gibt. Es gibt ja die verschiedensten Formen und Möglichkeiten zu tanzen: das unkoordinierte Nebeneinander von Selbstdarstellern in einer Disco, die exakte Koordination der Bewegungen in einem Formationstanz und ihre harmonische gegenseitige Abstimmung in einem griechischen Reigen. Oder die konzentrierte Selbstdarstellung einer Flamencotänzerin, die selbstversunkene Drehung eines tanzenden Derwischs und die wilde Selbstentäußerung in einem Veitstanz!

Erkennen wir nicht alle diese Bewegungsformen (und noch viele mehr) auch im alltäglichen Miteinander einer Organisation?

Der Tango

Und alle haben irgend einen Einfluß auf die dort ablaufenden Prozesse. Die Frage ist nur, mit welchen sich der Gesamtprozeß am besten in eine gewünschte Richtung lenken läßt. Wir meinen, daß der Argentinische Tango in der Regel dafür das erfolgversprechendste Modell abgibt.

Abb. 25

Er ist ein ständiger, stummer Dialog, bei dem die Führung, d. h. die Entscheidung darüber, welche Richtung eingeschlagen werden soll und welche Figuren getanzt werden, zwar grundsätzlich beim Mann liegt; diese Führung funktioniert aber nur, wenn er die natürlichen Impulse und Bewegungsmuster seiner Partnerin erspürt und aufnimmt und ihr Raum für ihre eigenen Schritte und Variationen läßt und wenn beide Partner ihren individuellen Körperrhythmus aufeinander abstimmen und ihre Absichten koordinieren.

Die Kunst des „Navigierens beim Driften"

Wenn wir die traditionelle Rollenverteilung zwischen Mann und Frau einmal beiseite lassen, so erscheint uns hier ein hervorragendes Modell dafür geboten, wie man am besten „mit dem System tanzt"! Oder, um ein anderes Bild, für die Segler und Surfer unter Ihnen, zu verwenden: Es geht hier um die Kunst „des Navigierens beim Driften". (*Simon/Weber* 1987)

Eine Übung

Dazu schlagen wir Ihnen eine kurze Übung vor:

Setzen Sie sich zu zweit gegenüber, machen Sie aus, wer von Ihnen das zu steuernde System und wer der Steuermann/die Steuerfrau ist. Fassen Sie sich an den Händen, schliessen Sie Ihre Augen und bewegen Sie Ihre Arme. Die Steuermänner und -frauen versuchen nun, die Bewegungen ihres Gegenüber zu erfassen, mit ihnen mitzugehen und dabei allmählich die Führung zu übernehmen.

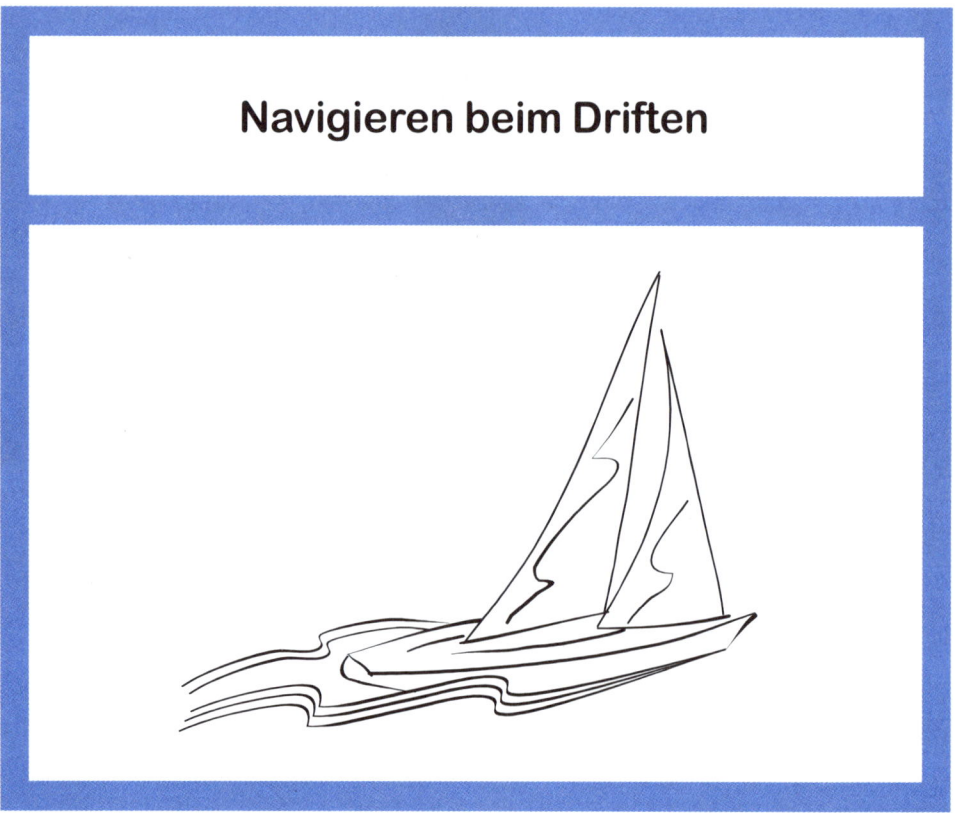

Abb. 26

Steuern und Führen in Organisationen

Was für Erfahrungen haben Sie gemacht?

Einige Rückmeldungen könnten lauten:

- „Wir haben uns immer wieder verheddert, weil wir beide führen wollten."
- „Ich spürte zuviel Widerstand und konnte daher keine Führung übernehmen."
- „Ich hatte den Eindruck, ich konnte meinen Steuermann ganz schön steuern."
- „Ich hatte das Gefühl, daß wir gemeinsam gesteuert haben."
- „Am Anfang war es schwierig, aber je mehr ich spürte, daß mein Gegenüber meinen Rhythmus erkannte und mitging, desto mehr konnte ich mich ihm überlassen."
- „Ich hatte den Eindruck, daß sich bei uns die Frage, wer hier steuert, nach einiger Zeit gar nicht mehr stellte."

Lassen Sie uns nun diese Haltung und Strategie des „Steuerns durch Mitgehen", des „Tanzens mit dem System" ein bißchen systemtheoretisch begründen und auf die Praxis von Management und Beratung beziehen. Dazu möchten wir zuerst, in Fortführung des gestrigen Referates, das Dilemma der Komplexität und ihrer Erkenntnis nochmals reflektieren und differenzieren, um daraus ein wirklichkeitsgerechtes „systemisches" Verständnis von Management und Führung zu entwickeln.

2.2.1 Das Dilemma der Komplexität und seine Bewältigung

Mit unserem gestrigen Referat wollten wir aufzeigen, daß die Komplexität von Organisationen unser Wahrnehmungs- und Erkenntnisvermögen schlicht übersteigt und ihre exakte, sozusagen „technische" Planung und Steuerung uns daher unmöglich ist. Unser heutiges Referat soll nun zeigen, daß dies kein Grund zur Verzweiflung oder Resignation sein muß, da wir sehr wohl über die Möglichkeit verfügen, Organisationen wirksam zu beeinflussen und erfolgreich zu steuern, wenn wir uns ihres Charakters als lebendiger Systeme, als „nicht-trivialer Maschinen" bewußt bleiben und uns dementsprechend in und mit ihnen bewegen.

In fünf Schritten möchten wir dies verdeutlichen:

1. Schritt
Bereits die Vielfalt an möglichen Beziehungen zwischen den Elementen größerer Systeme überfordert unseren Wahrnehmungs- und Erkenntnisapparat und macht es uns unmöglich, ein klares und genaues Bild von ihnen zu erhalten. Dafür besitzen wir aber die Fähigkeit, aus der Fülle an Informationen ganz schnell bestimmte uns wesentlich erscheinende Beziehungen und Strukturen herauszulesen und dadurch „Muster" zu erkennen bzw. „Gestalten" wahrzunehmen (*Vester*, 1978).

Die Fähigkeit, „Muster" zu erkennen

 Steuern und Führen in Organisationen

Schauen Sie auf das folgende Bild, das aus Rechtecken unterschiedlicher Helligkeit besteht. Wenn Sie es etwas von sich weg halten und dabei mit den Augen blinzeln, werden Sie die Gesichtszüge einer bekannten Persönlichkeit der amerikanischen Geschichte entdecken:

Übung zum Thema „Muster erkennen"

Quelle: *F. Vester* (1978:82)

Abb. 27

Steuern und Führen in Organisationen

Irgendwann in der Schule haben wir wahrscheinlich dieses Bild in unserem Gehirn gespeichert und nun genügt uns offensichtlich eine grob vereinfachte Wiedergabe mit wenigen aber wesentlichen Informationen, um es wiederzuerkennen. Diese Fähigkeit zur Gestaltwahrnehmung hilft uns dabei, uns nicht in Details zu verlieren, sondern die wesentlichen Strukturen und Prozesse in Systemen zu erkennen – und diese Fähigkeit läßt sich üben und weiterentwickeln!

2. Schritt

Die unendliche Variationsbreite an Verhaltensmöglichkeiten in lebenden Systemen – bzw. kybernetisch gesprochen, an „Operationen" in „nicht-trivialen Maschinen" – macht es uns unmöglich, genau vorauszusagen, wie sie auf unsere Steuerungsversuche reagieren werden, und sicher einzuschätzen, welche Dynamik und welche Nebenwirkungen wir dadurch, besonders in hochkomplexen Systemen, auslösen. Andererseits haben solche Systeme eine Tendenz, Handlungen aufgrund von Erfahrungen zu wiederholen und mehr oder minder feste Verhaltensmuster zu bilden. Auf diese Situation können wir mit einem angemessenen Problemlösungsverfahren eingehen, indem wir:

Ein angemessenes Problemlösungsverfahren

- aus der genauen Beobachtung von Verhalten Wahrscheinlichkeitsaussagen bzw. Hypothesen darüber ableiten, wie bestimmte Systeme in bestimmten Situationen voraussichtlich reagieren werden;
- dementsprechende Interventionen planen und durchführen, die vorerst aus vorsichtigen, eher sanften Eingriffen bestehen, deren Auswirkungen uns aller Voraussicht nach noch kontrollierbar und korrigierbar erscheinen, da wir ja nie sicher sein können, ob das System auch diesmal ähnlich oder ganz anders reagieren wird, wie bisher;
- genau auf diese Auswirkungen, d.h. auf das feed-back des Systems auf unsere Intervention achten, um unsere Anfangshypothesen entsprechend zu bestätigen, zu ergänzen oder zu modifizieren und die nächsten Interventionsschritte zu planen usw.

und damit einen Prozeß der ständig rückgekoppelten flexibel gesteuerten Veränderung in Gang setzen.

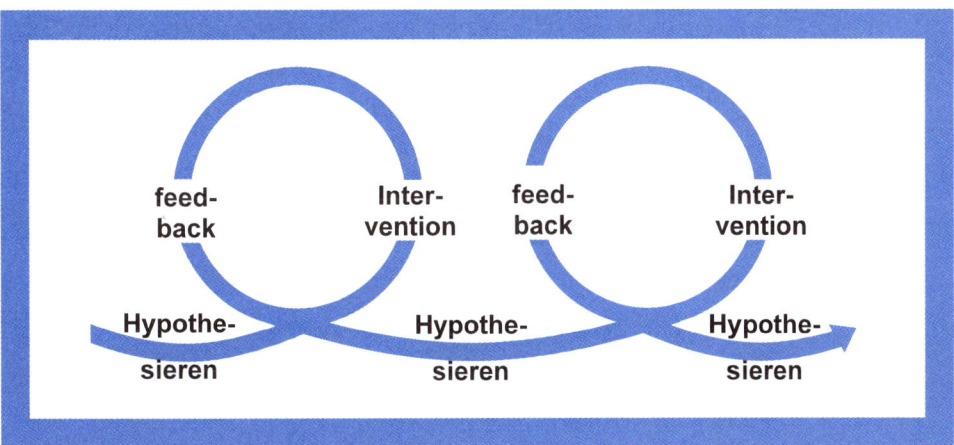

Abb. 28

Versuch und Irrtum

Dieses Problemlösungsverfahren von Versuch und Irrtum (*Popper 1996*), das dem Prozeß der Evolution abgeschaut ist, erscheint uns als die einzig angemessene Form, die nicht genau vorhersehbare Entwicklung lebendiger, sich selbst organisierender Systeme zu steuern.

3. Schritt

Wir sind Teil des Systems

Wir stehen allerdings noch vor einem weiteren Dilemma, denn wir sind selber Beteiligte an den Prozessen, die wir steuern wollen: Als Führungskräfte sind wir selbst Teil der Organisationseinheit, die wir managen, aber auch als externe BeraterInnen und TrainerInnen sind wir Teil eines (neuen) Systems, das wir zusammen mit dem von uns beratenen oder trainierten System bilden. Und diese Systeme die wir managen, beraten oder trainieren, sind ihrerseits in eine Umwelt eingebettet, mit der sie in Wechselbeziehung stehen. Damit sind wir selbst, als Handelnde in und mit den Systemen, die wir zu steuern versuchen, Teile eines lebendigen, vernetzten Gesamtzusammenhangs, über den wir keine einseitige Kontrolle ausüben können (*Bateson 1985*: 407ff.). Was wir aber können, ist, Systeme durch Einsicht und Einfühlung in ihre Bewegungsabläufe mit zu steuern (wie die kleine Übung von vorhin zeigen sollte) und hierzu über Kommunikation, Argumente und modellhaftes Verhalten Einfluß ausüben.

4. Schritt

Außenperspektive

unsere eigene Standortgebundenheit

Es fehlt uns als Bestandteilen der Systeme, die wir steuern wollen, eine Außenperspektive, die es uns ermöglichen würde, uns als „Dritter Schwan" selbst über die Schulter zu schauen, um unsere eigene Standortgebundenheit und unsere eigenen „blinden Flecken" zu erkennen. Und auch dieses Dilemma läßt sich nie ganz überwinden, da wir dann, wenn wir im System handeln, es nicht zugleich von außen beobachten können, und wenn wir es von außen beobachten wollen, es nicht mehr dasselbe System ist.

Aber wir verfügen über gute Möglichkeiten, dieses Dilemma nicht unerheblich zu reduzieren, indem wir:

Selbsterfahrung und Selbstreflexion

Relative Außenperspektive

Supervision und Coaching

- ❏ durch Selbsterfahrung und Selbstreflexion die Einsicht in unsere „blinden Flecken" erhöhen;
- ❏ uns in unserem beruflichen Handeln Momente der Ruhe und des Abstandes gönnen, in denen wir versuchen, wenigstens gedanklich eine (relative) Außenperspektive einzunehmen (z.B. eine Situation einmal mit den Augen einer MitarbeiterIn oder einer KundIn zu betrachten);
- ❏ uns bei diesen Prozessen der Selbstreflexion und des Perspektivenwechsels gelegentlich professionelle Begleitung und Unterstützung von Dritten in Form von Supervision und Coaching holen.

5. Schritt

Schließlich bleiben alle dargestellten Versuche, die Grenzen unserer Erkenntnis zu reflektieren und handelnd zu überwinden oder zumindest zu erweitern, gebunden an das existentielle menschliche Dilemma, daß wir das Erkennen selbst nicht erkennen und damit niemals Gewißheit darüber erlangen können, ob und inwieweit unsere innere, subjektive Wirklichkeit mit der Realität „da draußen" übereinstimmt. Aber auch das ist kein Grund zur Verzweiflung, denn es gibt genügend gute Gründe dafür, daß diese Realität da draußen nicht bloß ein strukturloses Chaos ist, sondern eine eigene Ordnung besitzt, und daß die Bilder, die wir uns von ihr machen, nicht beliebig sind, sondern etwas mit dieser Ordnung zu tun haben. Denn:

Die Grenzen unserer Erkenntnis

- Wir vermögen Gegenstände und Personen, die wir einmal gesehen haben, wiederzuerkennen und von anderen zu unterscheiden;
- Wir können ebenso zwischen tatsächlich wahrgenommenen und nur gedachten, phantasierten oder geträumten Gegenständen und Ereignissen unterscheiden und
- Wir haben die Möglichkeit, die Theorien, die wir uns über die Realität machen, im praktischen Experiment anzuwenden und zu überprüfen.

All dies weist uns darauf hin, daß sich unser Wahrnehmungs- und Erkenntnisapparat im Prozeß der Evolution der menschlichen Gattung, in Anpassung und Auseinandersetzung mit der realen Umwelt so geformt hat, daß die Bilder, die er uns von dieser Umwelt liefert, zumindest soweit zu ihr passen, daß wir uns gut in ihr zurechtfinden, und daß wir daher von einer strukturellen Entsprechung zwischen Realität und Wahrnehmung ausgehen können (*Graf 1994*: 51)

Strukturelle Entsprechung zwischen Realität und Wahrnehmung

Dabei erscheint uns allerdings eine Unterscheidung zwischen zwei Ebenen von Realität sinnvoll und notwendig:

- einer eher „harten" **materiellen Realität 1. Ordnung**, die unserer Wahrnehmung und Erkenntnis vorgegeben und durch sie nicht beliebig interpretierbar und veränderbar ist,
- und einer eher „weichen", **geistigen und sozialen Realität 2. Ordnung**, die wir in der zwischenmenschlichen Kommunikation gemeinsam erschaffen und durch den Sinn und die Bedeutung, die wir ihr geben, entscheidend prägen, und die wir daher im Wesentlichen selbst konstruieren. (*Stierlin* 1989)

Materielle Realität 1. Ordnung

Geistige und soziale Realität 2. Ordnung

Steuern und Führen in Organisationen

Dazu als Beispiel:

Beziehungen „mit anderen Augen sehen"

Beziehungen, in denen wir leben, verändern sich manchmal schon allein dadurch, daß wir unseren Partner neu erleben und „mit anderen Augen sehen". Und in Organisationen handeln wir verschieden, je nachdem welches Bild wir uns von ihrem Wesen, ihren Strukturen und Prozessen machen. Eine Betonwand dagegen bleibt immer eine Betonwand – auch dann wenn wir sie für eine Gummiwand halten. Und wir werden uns immer eine Beule holen, wenn wir dagegen anrennen.

Auf der anderen Seite scheint sich gerade die „härtere" Realität unserer natürlichen Umwelt aufgrund der physikalischen, chemischen und biologischen Gesetze, denen sie gehorcht, leichter unserer Kontrolle und Manipulation zu fügen, als die „weichere" soziale Wirklichkeit mit ihrer größeren Komplexität und Spontaneität. Und wir haben diese Umwelt ja bisher, wenn wir an die Atomspaltung, die Erzeugung und Anwendung von Düngemitteln und Pestiziden und an das Klonen von Schafen (und bald auch von Menschen) denken, auch recht erfolgreich manipuliert. Die Frage ist nur, mit welchen Kosten und Nebenfolgen dies verbunden ist und ob wir die globalen Prozesse, die wir dadurch auslösen, überhaupt noch steuern und kontrollieren können, wenn wir weiterhin den systemischen Gesamtzusammenhang ignorieren, in dem diese Umwelt steht.

Steuern durch Berücksichtigen von Eigendynamik und Selbstorganisationsfähigkeit

Insofern scheint für unsere gesamte, natürliche und soziale Umwelt zu gelten, was wir hier speziell für die Welt der Organisationen nachweisen wollten: daß wir sie desto eher in unserem wohlverstandenen Interesse steuern können, je mehr wir ihre Eigendynamik und Selbstorganisationsfähigkeit anerkennen und berücksichtigen.

Anmerkung für erkenntnistheoretische „Insider":

Konstruktivismusdebatte

Die Sichtweise die diesen Ausführungen zugrunde liegt, ist die eines systemisch interpretierten, kritischen Realismus und eines „gemäßigten", sozialen Konstruktivismus. Sie erscheint uns theoretisch plausibler und praktisch brauchbarer, als der gerade unter Systemikern modisch gewordene „radikale Konstruktivismus", der die Inhalte unserer Wahrnehmung für bloße Erfindungen, für reine Konstruktionen unseres Gehirns hält, die keinerlei Bezug zu einer äußeren Realität haben (Vgl. dazu die unten angegebene Literatur).

2.2.2 Grundsätze eines systemischen Managements

Was bedeutet nun aus systemischer Sicht „managen" von Organisationen? Sieht man in ihnen hochkomplexe, sich selbst organisierende Systeme, so erfordert ihre angemessene Steuerung:

Steuern und Führen in Organisationen

Grundsätze eines systemischen Managements

- **Komplexität und Selektion**: Die Komplexität ihrer inneren Zustände und der Beziehungen zu ihrer Umwelt als Realität wahrzunehmen und anzuerkennen und soweit wie möglich in ihrer Vielschichtigkeit und Vernetzung, ihrer Unberechenbarkeit und Folgelastigkeit zu erfassen, zugleich aber diese Komplexität durch die Auswahl relevanter Beziehungen, Entwicklungen und Handlungsalternativen wieder zu reduzieren, um sie handhabbar und gestaltbar zu machen.
- **Prinzip der Selbstorganisation**: Die Eigenkräfte und Ressourcen, die Eigeninitiative, Selbstgestaltungs- und Selbstregulierungsfähigkeit der Organisation, ihrer Subsysteme (Arbeitseinheiten) und Elemente (MitarbeiterInnen) zu erkennen und zu entwickeln, zu mobilisieren und auf die Erfüllung der gemeinsamen Aufgaben hin auszurichten.
- **Gestaltung von Sinn**: Sinnstiftende Ideen, Visionen und Leitbilder zu entwickeln, die eine Übereinstimmung und Orientierung über Ziele und Aufgaben, Aufbau und Abläufe ermöglichen und der Organisation dadurch Identität und Orientierung zu geben.
- **Gestaltung von Beziehungen**: Die Beziehungen zwischen den Arbeitseinheiten und MitarbeiterInnen in der Organisation, ihre Kommunikation und Kooperation so zu entwickeln, daß sie der Erfüllung der gemeinsamen Aufgabe in optimaler, professioneller Weise dienen.
- **Kontext- und Umweltgestaltung**: Die Grundstrukturen und die Rahmenbedingungen der Organisation und deren relevante Außenbeziehungen so zu gestalten, daß ihre Lebensfähigkeit und die Erfüllung ihrer Aufgaben gesichert ist.
- **Prinzip der lernenden Organisation**: Die Voraussetzungen dafür zu schaffen, daß die Organisation ihre Ziele und ihre Leistungen, ihre Abläufe und Strukturen sowie ihre Außenbeziehungen ständig überprüft und immer wieder neu, aktiv und kreativ dem ständigen Wandel ihrer Umwelt anpaßt und damit das eigene Überleben sichert und die eigene Weiterentwicklung ermöglicht.
- **Prinzip von Versuch und Irrtum**: Sich für die Steuerung und Weiterentwicklung der Organisation eines ständigen, rückgekoppelten Verfahrens von
  - Erhebung/Diagnose/Hypothesenbildung
  - Zielsetzung und Planung
  - Interventionen/Durchführung
  - Überprüfung und Korrektur

zu bedienen (siehe Abb. 30).

Abb. 29

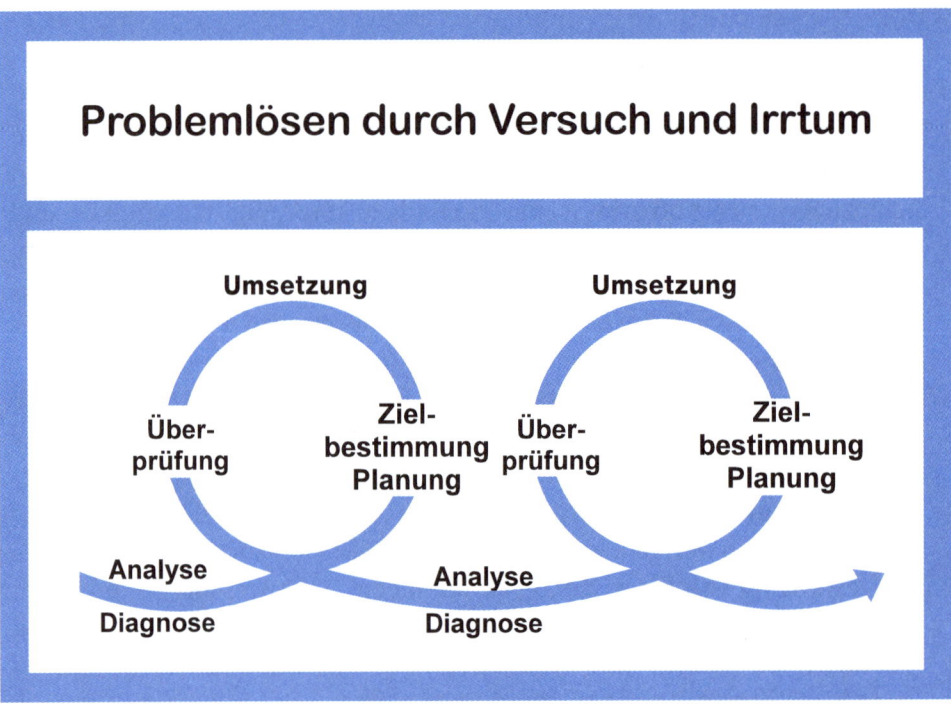

Abb. 30

Das folgende Schema soll diese Grundsätze nochmals in ihrem Zusammenhang verdeutlichen:

Abb. 31

2.2.3 Erforderliche Schlüsselqualifikationen

Ein solches Verständnis von Management erfordert vom Manager/der Managerin ein Set polarer Fähigkeiten, wie

---

Schlüsselqualifikationen im Management

- ❏ Komplexität erkennen und aushalten und zugleich reduzieren;
- ❏ analytisch-differenzierend und synthetisch-ganzheitlich denken;
- ❏ analysieren, differenzieren und abwägen, sowie zielorientiert entscheiden und handeln;
- ❏ konsequent handeln und zugleich das eigene Verhalten, die eigenen Sichtweisen, Werte und Motive reflektieren;
- ❏ die Inhalts- und die Beziehungsebene jeder zwischenmenschlichen Kommunikation in ihrer Wechselwirkung erkennen, bei Bedarf aber auch auseinanderhalten;
- ❏ Konflikte erkennen, austragen und konstruktiv lösen sowie Konsens und Synergie fördern;
- ❏ Selbstorganisationskräfte in Systemen erkennen und achten, aktivieren und lenken.

Abb. 32

Und es setzt eine Einstellung und Haltung voraus, die geprägt ist von Bescheidenheit in Bezug auf die eigenen Erkenntnis- und Einflußmöglichkeiten, von Respekt vor der Vielfalt, Kreativität und Selbstregulierungsfähigkeit von lebendigen Systemen, der Offenheit gegenüber spontanen, unvorhersehbaren Entwicklungen sowie der Behutsamkeit und Geduld bei steuernden Eingriffen in solche Systeme (*Graf* 1996).

Haltung von Bescheidenheit, Offenheit und Behutsamkeit

Eine solche Haltung bewahrt vor Allmachtsphantasien und Machbarkeitsillusionen, vor vorschnellen und rücksichtslosen Eingriffen in gewachsene Strukturen und ökologische Zusammenhänge und einem dirigistisch-autoritären Führungsverhalten. Die Anwendung einer systemischen Sichtweise und Haltung auf die Lenkung und Gestaltung von Organisationen führt daher zu einem „Paradigmenwechsel" im Managementverständnis (*Bleicher* 1994, *Königswieser/Lutz* 1992).

„Paradigmenwechsel" im Managementverständnis

Der systemische Manager versteht sich demnach weniger als Macher, sondern eher als Moderator, nicht so sehr als Ingenieur, sondern mehr als Gärtner, weniger als Aufpasser und Kontrolleur, sondern eher als Motivator und als Coach.

Der Manager als Moderator, als Motivator und als Coach

2.2.4 Leitlinien zur organisatorischen Umsetzung

Das herrschaftsfreie Netzwerk

Wenn wir die systemischen Grundgedanken der Selbstorganisation, der Wechselbeziehung und Vernetzung ernst nehmen, so scheint das herrschaftsfreie Netzwerk, in dem Individuen und Arbeitsgruppen bzw. Projekte ohne machtbestimmte Hierarchien kooperativ und gleichberechtigt zusammenwirken, auf den ersten Blick als die einzig angemessene Organisationsstruktur (so *J. Schmidt* 1993). Andererseits hat sich dieser uralte Menschheitstraum herrschaftsfreier, solidarischer Kooperation bisher gesamtgesellschaftlich und auf Dauer nirgends verwirklichen lassen. Er scheint der menschlichen Natur doch zu sehr zu widersprechen, denn er berücksichtigt zu wenig die unterschiedlichen Fähigkeiten und Bedürfnisse, Motive und Interessen von Individuen und Gruppen und die daraus resultierenden Konflikte. Führung erscheint daher auch in komplexen, sozialen Systemen ein notwendiges Instrument, nicht nur um MitarbeiterInnen ihren Fähigkeiten entsprechend einzusetzen und ihre Handlungen auf die gemeinsamen Ziele hin zu koordinieren und um Komplexität durch Entscheidung und Verantwortungsübernahme zu reduzieren, sondern auch um Konflikte zu regulieren, die Einhaltung von Regeln zu überwachen und ihre Verletzung notfalls zu sanktionieren. Allerdings ist für diese Funktionen heute ein anderes, kooperativeres Führungsverständnis erforderlich, als das traditionelle, hierarchisch-autoritäre.

Eine Utopie...

Trotzdem erscheint uns die Utopie vom herrschaftsfreien Netzwerk hilfreich als eine Art Leitstern, den wir zwar nie erreichen können und der daher nicht als konkretes Handlungsziel taugt, uns aber trotzdem die Richtung einer möglichen Entwicklung angeben kann. Gleichzeitig sagt uns ein systemisch-prozessuales Denken, daß Visionen nicht zu konkret sein sollten, weil sie sich im Prozeß der Entwicklung zwangsläufig verändern und daß sie daher auch selbst prozeßhaft formuliert werden sollten. Auf diesem Hintergrund erscheinen uns die folgenden Leitlinien als brauchbare Orientierung für eine systemische Neuordnung und Weiterentwicklung von Organisationen:

...und Leitlinien für eine systemische Neuordnung

Leitlinien für eine systemische Neuordnung und Weiterentwicklung von Organisationen

- ❐ Eine Gliederung in kleine, überschaubare Arbeitseinheiten (Teams, Projekte, Einrichtungen), die ihre Tätigkeit im Rahmen globaler Richtungsvorgaben möglichst selbständig planen und ausführen, kontrollieren und evaluieren (Bildung von „*teilautonomen Subsystemen*").
- ❐ Beschränkung der hierarchischen Ebenen auf ein erforderliches Minimum (lean management), wobei die jeweils obere Ebene der darunter liegenden soviel Eigenständigkeit wie möglich einräumt und alle Aufgaben und Kompetenzen überläßt, die diese selber ausfüllen kann (Prinzip der *gestuften Delegation* bzw. des *subsidiären Aufbaus*).

> - Eine zentrale Steuerung, die möglichst auf direkte Eingriffe in funktionierende Arbeitseinheiten verzichtet und sich im wesentlichen auf eine indirekte Steuerung durch
>   - globale Richtungsvorgaben und Orientierungslinien (in Form von Visionen, Leitbildern und einer strategischen Rahmenplanung),
>   - die Zuteilung von Ressourcen und
>   - die Gestaltung förderlicher Rahmenbedingungen beschränkt (Prinzip der *indirekten Steuerung*).
> - Ein entsprechendes Führungsverständnis, das seine Hauptaufgabe darin sieht, die Selbständigkeit, Eigeninitiative und Selbstorganisationsfähigkeit von MitarbeiterInnen und Arbeitseinheiten anzuerkennen, zu wecken und zu fördern, anzuleiten und zu koordinieren und auf gemeinsame Ziele hin zu lenken (Prinzip der *kooperativen Führung*).
> - Die horizontale und vertikale *Vernetzung* aller Organisationseinheiten und -ebenen durch Informationsweitergabe, Besprechungen, Arbeitskreise, Projekte etc.
> - Die permanente Anpassung und Veränderung von Organisationszielen, -strukturen und -abläufen über Prozesse der *Organisationsentwicklung*, d.h. unter breiter Beteiligung der betroffenen MitarbeiterInnen.
> - Die Förderung der notwendigen Schlüsselqualifikationen der MitarbeiterInnen, wie Selbständigkeit und Eigeninitiative, Lernfähigkeit und Kreativität, Kommunikations-, Kooperations- und Konfliktfähigkeit durch gezielte *Personalentwicklung*.
> - Die Entwicklung und Pflege einer entsprechenden *Organisationskultur*, die geprägt ist durch Innovationsfreude und Fehlerfreundlichkeit, Offenheit und Zusammenarbeit, konstruktive Auseinandersetzung und faire Konfliktlösung.

Abb. 33

Gerade für die Organisationen, in denen Sie leitend oder beratend tätig sind, erscheint dieses Konzept von selbständigen MitarbeiterInnen in teilautonomen Arbeitseinheiten und auf dem Hintergrund eines subsidiären Organisationsaufbaus besonders zweckmäßig. Ihre pflegerischen, sozialpädagogischen und psychologischen Fachkräfte erbringen Leistungen, die überwiegend nicht standardisierbar sind, und die ein hohes Maß an Eigeninitiative, an flexiblem und kreativem Eingehen auf wechselnde Situationen, an Einfühlen in fremde Menschen, an Selbstdisziplin, Selbstreflexion und Kooperation erfordern, und die auf längere Sicht nur mit einer starken, stabilen Motivation durchzuhalten sind. Das setzt Arbeitsbedingungen voraus, die selbständiges, eigenverantwortliches Handeln und gegenseitige kollegiale Unterstützung ermöglichen und fördern und die Fremdkontrolle durch außenstehende Vorgesetzte weitestgehend durch Selbstkontrolle (in Form von Selbstdisziplin, Teamarbeit und teaminterne Führung) ersetzen.

2.2.5 Ein systemisches Konzept von Führung

Die bisherigen Ausführungen implizieren ein Führungsverständnis, das seine Hauptaufgabe nicht in Befehl und Kontrolle, sondern in der Gestaltung förderlicher Systemstrukturen und -prozesse sieht. Dabei lassen sich die folgenden drei zentralen Gestaltungsaufgaben unterscheiden:

Gestaltung von Sinn

1.) **Die Gestaltung von Sinn**, d.h. die Moderation und Anleitung eines breiten, permanenten Prozesses der Auseinandersetzung und Verständigung über Visionen und Leitbilder, Ziele und Aufgaben, Werte und Normen.

Gestaltung von Beziehungen

2.) **Die Gestaltung von Beziehungen**, d.h. die Förderung des Informationsaustausches, der Kommunikation, Kooperation und konstruktiven Auseinandersetzung zwischen den MitarbeiterInnen und den Arbeitseinheiten der Organisation sowie mit ihren relevanten Umweltbezügen.

Gestaltung von Arbeitsstrukturen

3.) **Die Gestaltung von Arbeitstrukturen**, d.h. die ständige Anpassung und Weiterentwicklung von Organisationsstrukturen und Arbeitsbedingungen, Abläufen und Technologien.

Abb. 34

Diesen Gestaltungsaufgaben entsprechen drei Aspekte oder Dimensionen, unter denen die konkrete Führungstätigkeit zu sehen ist:

- **„leading"** i.S. von führen, Ziele setzen, Orientierung geben, entscheiden, Risiken eingehen und Verantwortung übernehmen, kontrollieren und Rechenschaft fordern;
- **„coaching"** i.S. von fördern und befähigen, motivieren und begeistern, anleiten und beraten, moderieren und integrieren, koordinieren und Synergie fördern;
- **„organizing"** verstanden als Gestaltung der notwendigen Strukturen und Rahmenbedingungen.

Leading, coaching, organizing bedingen sich gegenseitig

Diese drei Dimensionen bedingen und ergänzen sich gegenseitig. So bedeutet die Tätigkeit, Ziele zu setzen unter einem coaching-Aspekt, diese Ziele mit den jeweiligen MitarbeiterInnen in Zielvereinbarungsgesprächen zu diskutieren und möglichst einvernehmlich festzulegen. Und so wird auch die Gestaltung von Arbeitsbedingungen unter Einbeziehung der coaching-Dimension möglichst als Initiierung und Steuerung von Organisationsentwicklungsprozessen zu verstehen sein. Und umgekehrt wird die Tätigkeit des Moderierens, Koordinierens und Integrierens unter Einbeziehung des Leading-Aspektes auch bedeuten, daß die Führungskräfte, die eine Besprechung oder einen Arbeitskreis moderieren, auf notwendige Entscheidungen drängen, und daß sie allen Beteiligten klarlegen und begründen, bei welchen Punkten sie sich einer Mehrheitsmeinung anschließen und diese mittragen werden, und wo und warum sie sich Entscheidungen selber vorbehalten. Diese gegenseitige Ergänzung und Durchdringung der drei Führungsdimensionen wird in der Praxis noch wenig gelebt. In der Wirtschaft dominiert immer noch einseitig der engere Führungs- oder „leading"-Aspekt, während er bei sozialen Diensten häufig unterentwickelt ist, bzw. aus einem kultur-spezifischen Gleichheitsanspruch heraus vermieden wird. Ein ausgewogenes Verhältnis aller drei Dimensionen und deren Wechselbeziehung zu fördern, ist daher eine zentrale Aufgabe von „coaching" als Personalentwicklungsmaßnahme – sowohl für obere Führungskräfte gegenüber den ihnen unterstellten Leitungspersonen, als auch für interne und externe BeraterInnen.

Steuern und Führen in Organisationen

2.3 Angeleitete Selbstreflexion zum Thema: „Führen und Geführt werden"

In unserem Referat haben wir drei Dimensionen von Führung unterschieden, nämlich

- ❐ Führen als Ziele setzen und Orientierung geben, konfrontieren und kontrollieren (**leading**),
- ❐ Führen als fördern und motivieren, anleiten und beraten (**coaching**),
- ❐ Führen als schaffen geeigneter Rahmenbedingungen (**organizing**).

Erfahrungen und erlebte Autorität prägen unser Führungsverhalten

Und wir haben zugleich deutlich gemacht, daß diese drei Dimensionen nur in ihrer Ergänzung und Wechselbeziehung ein sinnvolles Ganzes ergeben. Trotzdem wird wohl jeder und jede von uns bestimmte Vorlieben für die eine oder andere Dimension haben und darin seine/ihre Stärke sehen. Und uns allen ist bewußt, daß diese Stärken und damit unser gesamtes Führungsverhalten und das dahinter stehende Führungsverständnis entscheidend von unseren eigenen Erfahrungen als Leitende wie als Geleitete und damit von unseren eigenen Begegnungen und Auseinandersetzungen mit uns selbst und mit den Autoritäten geprägt ist, die uns in unserem bisherigen Leben begegnet sind.

Eigene Erfahrungen reflektieren

Wir möchten Sie anregen, diese Erfahrungen zu reflektieren, um Ihre eigenen Verhaltensweisen und Einstellungen, Ihre Fähigkeiten und Schwierigkeiten in der Leitung und Führung anderer Menschen besser zu verstehen und daraus Ansatzpunkte für Ihre eigene positive Weiterentwicklung zu gewinnen. Hierzu möchten wir Sie auf eine kleine „Gedanken-Reise" einladen:

Steuern und Führen in Organisationen

> *„Gedanken-Reise"*
>
> *Wir empfehlen Ihnen, sich bequem hinzusetzen, die Beine etwas zu öffnen, die Arme bequem auf die Oberschenkel zu legen, Ihre Augen zu schließen und Ihre Wahrnehmung zu öffnen.*
>
> *Sie können nun mit Ihren Gedanken diesen Tagungsraum verlassen und zum Ausgang dieses Hauses gehen, denn dort wartet auf Sie eine Zeitmaschine. Sie sieht aus wie ein kleiner Helikopter und führt Sie zurück zu einigen Stationen Ihres Lebens. Sie dürfen einsteigen und sich in einen Sessel setzen. Sie können sich anschnallen und bequem zurücklehnen und ganz entspannen. Ihr Atem geht immer ruhiger und regelmäßiger und mit jedem Atemzug tauchen Sie ein wenig tiefer ein in die Welt Ihrer Erinnerungen...*
>
> *Wir landen an einem Ihrer ersten Arbeitsplätze und es begegnen Ihnen Personen, die Ihre Vorgesetzten waren, die die Macht hatten, Sie anzuleiten und Ihnen Befehle zu erteilen, und die diese Macht vielleicht recht unterschiedlich ausgeübt haben.*
>
> *Und unsere Zeitmaschine fährt mit Ihnen weiter und hält wieder, diesmal vor einem Schulgebäude, vor einer Schule, die Sie einmal besucht haben. Und wieder begegnen Ihnen verschiedene Personen, die für Sie etwas mit Autorität und mit Führung zu tun hatten.*
>
> *Und nochmals fahren Sie weiter mit unserer Maschine und sie landet vor Ihrem Elternhaus und Ihre Eltern kommen Ihnen entgegen – vielleicht auch nur einer von beiden – und mit ihnen vielleicht noch einige andere Personen, die sehr wichtig für Sie waren, ein Opa oder eine Oma, eine Patentante oder wer auch immer.*
>
> *Dann besteigen Sie wieder unseren Helikopter. Er steigt hoch auf in die Wolken und fliegt zurück in unsere Gegenwart. Sie landen wieder vor dem Eingang unserer Tagungsstätte. Sie schnallen sich ab, steigen aus und kehren durch die Eingangstür wieder in unseren Raum zurück, sitzen wieder auf Ihrem Platz und öffnen Ihre Augen. Vielleicht schauen Sie sich ein wenig um, recken sich und strecken sich und sind wieder ganz aufmerksam da.*

Und wenn Sie nun auf Ihre kleine Reise zurückblicken und sich an die Personen erinnern, die Ihnen begegnet sind: welche sind immer noch oder sofort wieder präsent und lebendig vor Ihren Augen?

Welche davon haben Ihnen ein gutes, ein positives Bild von Autorität und Führung vermittelt? Von einer Autorität, die Sicherheit und Schutz bietet und dabei Raum zur Selbstentfaltung läßt, die wertschätzt und anerkennt, motiviert und fördert? Und was haben Sie von Ihnen gelernt und übernommen?

Und durch welche Personen haben Sie eher ein schlechtes Bild von Führung und Autorität erfahren? Von einer Autorität, die einengt und Angst macht, die verunsichert und desorientiert, oder die gar nicht greifbar ist? Was haben Sie in der Auseinandersetzung mit Ihnen gelernt und übernommen?

Inwiefern und inwieweit haben diese Personen Ihre eigene Einstellung zu Autorität und Leitung geprägt und inwieweit beeinflussen Sie heute noch Ihr Verhalten – sowohl beim Geführt-werden durch andere als auch beim Selber-Führen?

Da wir uns leider mit Ihnen als unseren „Lese-TeilnehmerInnen" nicht direkt über Ihre Bilder und die damit verbundenen Erfahrungen austauschen können, möchten wir Ihnen auf diesem Wege wenigstens ein paar Anregungen geben:

- Sie können diese Bilder und Erfahrungen einfach auf sich wirken lassen, ohne sie zu analysieren und zu reflektieren, aber in nächster Zeit vielleicht darauf achten, in welchen Situationen sie wieder auftauchen und was sie Ihnen dann sagen.
- Sie können sie aber auch wieder tief unten in der Schatztruhe verstauen, in der Sie Ihre Erinnerungen aufheben.
- Oder Sie können sie aufschreiben und sortieren und bei passenden Gelegenheiten immer wieder mal durchlesen und falls Sie möchten, mit einem vertrauten Menschen darüber sprechen.

Ein Bild malen

Befänden Sie sich jedoch "life" mit uns auf einem realen Workshop, so würden wir Sie nun einladen, zu den von Ihrer Gedanken-Reise mitgebrachten Erinnerungen ein Bild zu malen. Dazu würden wir Ihnen große Papierbögen, Filzstifte, Wachsmalkreiden und Plaka-Farben mit Pinseln zur Verfügung stellen. Die gemalten Bilder würden wir dann reihum in der Gruppe besprechen. Dabei würden wir in folgenden Schritten vorgehen:

Auswertungsschritte zur Gedanken-Reise

- Zuerst würden wir Sie bitten, uns Ihr Bild nur zu **beschreiben**, d.h. uns zu erzählen, was alles darauf zu sehen ist, und wir würden uns erlauben, dazu interessierte Fragen zu stellen (z. B. Was stellt dieser grüne Kringel rechts oben dar? Warum ist diese Person in der Mitte ganz in schwarz?).
- Dann würden wir Sie bitten, uns Ihre Erklärungen und Interpretationen mitzuteilen, die wir gerne auch durch gezielte Fragen nach den ***Beziehungen*** zwischen den verschiedenen Elementen Ihres Bildes anregen und hervorlocken würden (z. B. Warum stehen diese beiden verschiedenfarbigen Kugeln so nah beieinander? Was würde die rote Kugel zu uns sagen, wenn wir sie fragen könnten, wie es ihr auf dem Bild geht? Was könnte diese große Figur in schwarz zu der kleinen grünen neben ihr sagen?). Wir würden uns dabei aber eigener Interpretationen enthalten und unsere Aufgabe nur darin sehen, Sie bei der Entdeckung und Entwicklung ***Ihrer*** Deutungen anzuregen und zu unterstützen.

Steuern und Führen in Organisationen

> ❏ Schließlich würden wir die anderen TeilnehmerInnen bitten, Ihnen ein sog. "Sharing" zu geben, d. h., Ihnen mitzuteilen, welche eigenen Gefühle, Erinnerungen und Überlegungen bei ihnen durch Ihre Schilderung ausgelöst wurden.

Abb. 35

Diese Übung führen wir sowohl in Seminaren und Trainings zum Thema "Führen und Leiten" oder "Autorität und Führung", wie auch in Gruppen-Coachingsitzungen mit mehreren TeilnehmerInnen gerne durch. Für den Fall, daß Sie sie selber einmal ausprobieren möchten, geben wir Ihnen, vor allem für den Einstieg mit der sog. "Gedanken-Reise" noch ein paar methodische Empfehlungen mit:

> **Methodische Empfehlungen für die Übung „Gedanken-Reise"**
>
> ❏ Lassen Sie Ihren TeilnehmerInnen genug Zeit, um sich einzustimmen, um bei verschiedenen Stationen zu verweilen und um zum Schluß wieder beim Ausgangspunkt im gemeinsamen Raum anzukommen. Sprechen Sie daher langsam und mit Pausen.
> ❏ Formulieren Sie möglichst offen, damit Ihre ZuhörerInnen sich nicht bedrängt, sondern eingeladen fühlen, und damit Ihre Bilder nicht an deren unterschiedlichen Lebenswirklichkeiten vorbeigehen. Und vermeiden Sie insbesondere ein einseitiges Fokussieren auf Probleme!
> ❏ Drücken Sie sich positiv aus, d.h. vermeiden Sie möglichst Sätze, die eine Negation enthalten (wie z. B.: "Stell Dir eine Situation vor, die nicht problematisch war, denke jetzt nicht mehr an..."). Denn: niemand von uns kann sich einen rosa Elefanten nicht vorstellen und unser Unbewußtes scheint solche Negationen nicht zu verstehen.
> ❏ Achten Sie die Freiheit und Spontaneität des Unbewußten Ihrer TeilnehmerInnen. Lassen Sie ihm Raum, ohne es zu drängen oder zu manipulieren. Dann meldet es sich bei den Einzelnen, wenn es für sie hilfreich ist. Denn: das Unbewußte ist nach systemischer Sicht nicht nur der Ort verdrängter Konflikte und traumatischer Erlebnisse, sondern vor allem eine lebendige Quelle von Kraft und Energie, von Kreativität und Phantasie.
> ❏ Und versuchen Sie daher auch bei der Auswertung der Bilder durch die Form Ihrer Fragen den Fokus eher auf Erfolg und Ressourcen, auf positive Ansätze und Alternativen zu lenken, als auf Defizite und Probleme.

Abb. 36

Literatur

Bateson, G. (1985): Ökologie des Geistes. Frankfurt/M.
Beck, R./Schwarz G. (1997): Personalentwicklung, Alling
Berger, P./Luckmann, T. (1972): Die gesellschaftliche Konstruktion der Wirklichkeit. Frankfurt/M.
Bleicher, K. (1994): Das Konzept integriertes Management. Frankfurt/M./New York
Engelhardt/Graf/Schwarz (1996): Organisationsentwicklung, Alling
Gericke, M. (1998): Tango Argentino: Soziale Erfahrung und individuelles Erleben, Diplomarbeit an der FH München, FB Sozialwesen
Graf, P. (1996): Soziale Organisationen als Soziale Systeme. In: Hauser/Neubarth/Obermaier (Hrsg.): Management-Praxis. Handbuch soziale Dienstleistungen. Neuwied/Kriftel
Königswieser, R./Lutz, Ch. (1992) Das systemisch-evolutionäre Management. Der neue Horizont für Unternehmer. Wien
Malik, F. (1986): Strategie des Managements komplexer Systeme. Ein Beitrag zur Management-Kybernetik evolutionärer Systeme. Bern/Stuttgart
Popper, K. (1996): Alles Leben ist Problemlösen. München/Zürich
Schmidt, J. (1993): Die sanfte Organisationsrevolution, Frankfurt/M.
Schwarz G./Beck, R. (1997): Personalmanagement. Alling
Simon, F. (Hrsg.): Lebende Systeme. Berlin, 1988
Simon, F./Weber G. (1987): Vom Navigieren zum Driften – Die Bedeutung des Kontextes in der Therapie. In: Familiendynamik, 12. Jg., S. 355ff.
Stierlin, H. (1989): Individuation und Familie. Studien zur Theorie und therapeutischen Praxis, Frankfurt/M.
Vester, F. (1978): Unsere Welt – ein vernetztes System. München
Ders.: (1980): Neuland des Denkens. Vom technokratischen zum kybernetischen Zeitalter. Stuttgart

Und speziell zur Konstruktivismus-Diskussion:

Fischer, H.R. (1995): Die Wirklichkeit des Konstruktivismus. Heidelberg
Glasersfeld, W. v. (1987): Wissen, Sprache und Wirklichkeit. Braunschweig
Graf, P. (1994): gegen den radikalen Konstruktivismus – für eine kritisch-realistische Systemtheorie. Zeitschrift für systemische Therapie 12/1, S. 44ff.
Maturana, H./Varela, F. (1987): Der Baum der Erkenntnis. Bern/München
Schmidt, S. (Hrsg.): Der Diskurs des radikalen Konstruktivismus. Frankfurt/M. 1987
Vollmer, G. (1987): Evolutionäre Erkenntnistheorie. Stuttgart
Watzlawik, P. (Hrsg.): Die erfundene Wirklichkeit. München 1984

NACHMITTAG: WAS IST „COACHING"?

*Von zwei Dingen war ich ziemlich überzeugt.
Erstens, daß ein Mann, um Lotse auf dem Mississippi zu sein
mehr lernen mußte, als einem einzelnen erlaubt sein sollte;
und zweitens, daß er alle 24 Stunden alles wieder neu lernen mußte.
(Mark Twain 1835-1910)*

2.4 Referat: Coaching – Sportives Training, Therapie oder was sonst?

Coaching hat als Begriff in den letzten Jahren sowohl in der Managementliteratur als auch in der Managementpraxis viel Aufmerksamkeit und Resonanz erzeugt. Entsprechend hoch ist die Anzahl der Publikationen der letzten Jahre, die sich mit dem Begriff und den dazu gehörigen, z.T. sehr unterschiedlichen Konzepten beschäftigen. Mindestens ebenso hoch ist die Anzahl von Beratungs- und Seminarangeboten, die versprechen, Personen, zumeist ManagerInnen, zu coachen oder Ihnen sogar die Qualifikation des Coachens beizubringen.

So schreibt Sattelberger:

> „Die schillernde Verwendung des Begriffes „Coaching" und dessen aggressive Vermarktung auf dem Berater- und Trainermarkt zwingt zur geistigen Rigorosität. Denn durch die undifferenzierte und unsaubere Rezeption des Begriffes im deutschsprachigen Raum werden nicht nur unterschiedliche theoretische Konzepte und Denkansätze vermischt. Auch die praktische Aussagekraft dieser Konzepte, Programme, und Projekte strukturierter Personalentwicklung als auch für die „natürliche", unstrukturierte Personalentwicklung geht verloren" (*Sattelberger* 1994:209).

Coaching – ein schillernder Begriff

Genau diese Unklarheit wollen wir hier vermeiden und versuchen, mit Ihnen zunächst die Fragen zu klären:

- warum Coaching ?
- für wen Coaching ?
- und vor allen Dingen, was ist das eigentlich?

2.4.1 Warum Coaching ?

In unserem Eingangsreferat haben wir ausgeführt, wie sehr sich in den letzten Jahren unsere Arbeitswelt verändert hat, wie unvorhersehbar damit gesellschaftliche Entwicklungen geworden sind und in welchem Maße die Unsicherheiten in und für Organisationen gestiegen sind. Management und

Führung ist schwieriger, komplexer geworden und konfrontiert Führungskräfte mit einem vielfältigen Aufgabenspektrum und fordert ein entsprechend hohes Kompetenzniveau.

Die Frage ist,

- was können Führungskräfte tun, um selber diesen Anforderungen gerecht zu werden ?
- Und was können Sie tun, um entsprechend gut ausgebildete, lern- und entwicklungsbereite, sich wohl fühlende MitarbeiterInnen zu bekommen und zu erhalten ?

Sich auf den konstanten gesellschaftlichen Wandel einstellen

Als erster Schritt ist es notwendig, daß sich Organisationen und Management auf den konstanten gesellschaftlichen Wandel einstellen und intern eine Kultur entwickeln, welche die Basis für die erforderlichen kontinuierlichen Veränderungsprozesse schafft. Sich auf diesen Wandel auszurichten, bedeutet für Organisationen, Führungskräfte und MitarbeiterInnen, „Neuland" zu betreten und zunächst mit mehr Fragen als Antworten konfrontiert zu sein.

Lernen wird zur zentralen Aufgabe

Lernen, sowohl miteinander als auch voneinander, wird für alle Beteiligten zur zentralen Aufgabe. Dem Management von Organisationen kommt hierbei die Gestaltung der Lernprozesse zu. Entsprechend dieser Situation werden Gestaltungsentwürfe von Organisationen entwickelt, die das „Lernen" zur zentralen Kategorie machen und Vorgehensweisen und Instrumente erfinden, die das Individuum unterstützen sollen, den veränderten Anforderungen gerecht zu werden. Das „long-life-learning" hat in die Arbeitswelt Einzug gehalten.

Das Konzept der „lernenden Organisation"

Das wohl bekannteste und umfassendste Konzept ist das bereits mehrfach von uns erwähnte Konzept der „lernenden Organisation". Es umschließt die Gesamtorganisation und fordert von ihr den permanenten Lern- und Veränderungsprozeß im Sinne der kontinuierlichen Gestaltung und Anpassung an die eigene Umwelt und als Grundvoraussetzung für die eigene Existenzsicherung.

Peter Senge, der Leiter des *Organizational Learning Center der Sloan School on Management am Massachusetts Institute of Technology* (MIT) hat sich in den letzten Jahren wohl am meisten mit dem Begriff in Zusammenhang gebracht. In einem SZ-Interview am 4./5.95 definiert er Lernen,

„..... als permanente Fähigkeit zu handeln und zur nachhaltigen Verbesserung der Selbstaktualisierung.....".

Entsprechend versteht er unter der „lernenden Organisation" ein Unternehmen, eine Institution, die den Lernprozeß aller MitarbeiterInnen ständig fördert und sich dabei gleichzeitig fortwährend ändert und proaktiv auf die wechselnden Umweltbedingungen einzugehen vermag.

Was ist „Coaching"?

Um diesen Prozeß (und zwar permanent) zu meistern bedarf es, wie er einprägsam formuliert, fünf Disziplinen:

Fünf Disziplinen der lernenden Organisation

1. **Persönliche Entwicklung**
- Die Fähigkeit zur andauernden persönlichen Weiterentwicklung, um die Ziele und Wünsche, die wir uns gesteckt haben, zu erreichen;
- einen Kontext für sich zu schaffen, der als kreatives Netzwerk ressourcenfördernd wirkt.
2. **Mentale Modelle**
- Die Reflexion der eigenen „inneren Landkarten" und die Überprüfung unserer Vorstellungswelt;
- das bedeutet vor allem, sich vor Augen zu halten, wie stark sich unser Denken und Handeln wechselseitig bedingen.
3. **Gemeinsame Visionen**
- Identifikation schaffen, durch Herausbilden einer gemeinsamen Vorstellung über die Zukunft, mit einem gleichzeitigen Formulieren von Prinzipien und Leitlinien, durch die diese erreicht werden soll.
4. **Lernen im Team**
- Fähigkeit zur Kommunikation, Konfliktlösung und Konsensbildung in Arbeitsgruppen und Teams, so daß vorhandene Ressourcen und Kapazitäten optimal genutzt werden können.
5. **Systemdenken**
- In komplexen Zusammenhängen denken;
- Sachverhalte in Wechselbeziehungen und Wirkungskreisläufen beurteilen
- und Wege der Systemgestaltung entwickeln können.

(Senge, P. 1990)

Abb. 37

Wenn Sie jetzt zurückdenken an den gestrigen Tag werden Sie sich vielleicht fragen, wie kann denn „Lernen" aus systemischer Sicht heraus eigentlich funktionieren, wenn sich Lernprozesse in einem lebenden System nicht exakt planen, steuern und kontrollieren lassen?

Ein systemisches Verständnis von „Lernen"

Aus einem systemischen Verständnis besteht die Leistung des Lehrenden, des Coach darin, Situationen herzustellen und zu gestalten, in denen der Lernende entsprechend seiner Dispositionen und entlang seiner Entwicklungsbedürfnisse lernen kann. Dabei kommt es sehr vielmehr darauf an, einzuladen, anzuregen und Motivation und Interesse so zu wecken, daß der/ die MitarbeiterIn selber beginnt, Wissen zu konstruieren und mit dem eigenen Verhalten zunächst einmal gedanklich zu experimentieren. Damit dies gelingen kann ist es wichtig, daß

❏ bestehendes Vorwissen, Werte und Überzeugungen des Coachees ausreichend Berücksichtigung erfahren,
❏ daß das Lernen mit aktuellen kontextuellen Bezügen stattfindet,
❏ der Lernprozeß als gemeinsamer Entwicklungsprozeß verstanden wird,
❏ und daß der Coaching-Prozeß von Kooperation getragen wird.

Hierzu eine kleine gedankliche Übung:

Eine Übung

Setzen Sie sich bitte bequem zurück, schließen Sie kurz die Augen, Sie lassen sich sanft in Ihre Biographie zurückfallen und erinnern Sie sich an eine Zeit in Ihrem Berufsleben, in der Sie für sich das Gefühl hatten, einen Entwicklungssprung gemacht zu haben.

Was haben Sie in dieser Zeit für sich gelernt?

_____

_____

Welche Persönlichkeiten waren dabei für Sie wichtig?

_____

_____

Wer war damals Ihr/e Vorgesetzte/r?

_____

_____

Wie würden Sie Ihre Arbeitsbeziehung zu dieser Persönlichkeit beschreiben?

_____

_____

Welche direkten und indirekten Anreize, Einladungen für Entwicklungsschritte hat Sie Ihnen gegenüber ausgesprochen?

_____

_____

Was ist „Coaching"?

Was hat diese Persönlichkeit sonst noch für Sie getan?

_____
_____

Wenn Sie die einzelnen Aspekte berücksichtigen, wie hat sich diese Erfahrung auf Ihr weiteres berufliches Selbstverständnis und Ihrer Arbeitsmotivation ausgewirkt?

_____
_____
_____

Was bedeutet diese Erfahrung heute für Sie in Ihrem Verhalten als Lehrender/ als Coach?

_____
_____
_____

Kommen Sie wieder zurück in Ihren aktuellen Berufsalltag, blicken Sie sich um unter Ihren Mitarbeitern und Mitarbeiterinnen, mit wem möchten Sie aktuell, – jetzt aus der Rolle des Coach,- einen ähnlichen Entwicklungsprozeß beginnen?
Was ist Ihr erster Schritt?

_____
_____
_____

Lassen Sie uns die kleine Übung mit einer Checkliste für optimal gestaltete Lernprozesse abschließen, und wir bitten Sie wiederum, diese mit Ihren Erfahrungen zu ergänzen:

Checkliste Lernprozesse

- Es ist für das Gelingen günstig den Prozeß des Coachens so zu gestalten, daß er von dem Lernenden/ dem Coachee als Anregung, Unterstüzung und Beratung erlebt wird.
- Individuelle Unterschiede des Coachees und die Spezifität jeder Lernsituation sind bei der Gestaltung jedes Coaching neu zu beachten.
- Der Coach ist Berater und „Mitgestalter" des Lernprozesses, er stellt die „Werkzeuge" bereit und versucht, die Ressourcen des Coachees optimal zu organisieren.
- Lernen ist ein wechselseitiger, aktiv-schöpferischer Prozeß, der stets in einem bestimmten Kontext stattfindet; dieser beinflußt so oder so das Ergebnis erheblich. Die aktive Gestaltung eines lernfördernden Kontextes ist ein Hauptbestandteil des Lernprozesses.
- Es ist wichtig daß der Coachee eine aktive, den Lernprozeß mitgestaltende Position einnimmt und über Inhalte, Ablauf und Rahmenbedingungen entscheiden kann.
- Es wird entlang der Bedürfnisse und anhand von authentischen Aufgaben aus dem Kontext des Coachees gearbeitet; damit ist gewährleistet, daß der Coachee als Experte seiner beruflichen Wirklichkeit denken und handeln kann.
- In die Auswertung und Überprüfung des Lernprozesses ist der Coachee aktiv miteingebunden. Im Vordergrund steht hier vor allem der Prozeß des Lernens.

Abb. 38

Nehmen Sie jetzt die einzelnen Komponenten zusammen,

Auswirkungen auf Personal- und Organisationsentwicklung

- gesellschaftlicher Wandel,
- Umbau der Organisationen,
- veränderte Anforderungen an die Qualifikationen der MitarbeiterInnen
- und „Lernen" als kontinuierliche Anforderung an Individuum und Organisation,

so liegt es auf der Hand, daß dies erhebliche Auswirkungen hat auf Konzeptionen von Personal-und Organisationsentwicklung.

Management als Gestalter von Lernprozessen

Die klassischen Führungsaufgaben und -rollen müssen neu überdacht und konzipiert werden. Lernen am und durch den Arbeitsprozeß und Lehren als Teil des Führens werden im Sinne eines zeitgemäßen Managements zum integrierten und zum integrierenden Prozeß. In diesem Sinne wird das Management zum Vorbild und Gestalter dieser organisationalen Lern- und Verlernprozesse (*Fritz Simon* 1997 weist darauf hin, daß nicht das Lernen, sondern das *Verlernen* das größere Problem ist) und erlebt hierbei vielleicht seine größte Herausforderung, die nur mit entsprechenden

Verlernen als Problem

Was ist „Coaching"?

- personalen Kompetenzen,
- wirkungsvollen Instrumenten
- und einem beispielhaften „Vorleben" gelingen kann.

Die Individuen, Gruppen und Organisationseinheiten werden zu „Lernpartnern" *(Sattelberger)*. Lernen und Entwicklung in Organisationen ist das Ergebnis von Interaktionen, Aushandlungsprozessen und Auseinandersetzungen. Neben den herkömmlichen Führungsaufgaben wie Anordnen, Strukturieren und Kontrollieren, kommt dem Entwickeln, Lehren und Lernen, Fördern und Begleiten eine vorrangige Bedeutung zu. Für Führungskräfte stellt sich damit die Anforderung, in ihr persönliches Führungsprofil und -konzept die Aspekte „TrainerIn" und „BeraterIn" für MitarbeiterInnen zu integrieren.

Führungskräfte als „Trainer" und „Berater"

Wenn Sie sich an die drei Gestaltungsebenen der Führungstätigkeit erinnern,

„leading"   **„coaching"**   **„organizing",**

dann kommt der Dimension „Coaching" jetzt eine zentrale Bedeutung zu.

> **Coaching dient**
> - der Weiterentwicklung von Führungskräften,
> - der Mitarbeiterförderung, d. h. ihrer persönlichen und beruflichen Entwicklung,
> - sowie der Entwicklung und Zukunftssicherung der Organisation.

Insofern bedeutet Coaching immer auch aktive Personal- und Organisationsentwicklung.

Unter Organisationsentwicklung (OE) verstehen wir ein ganzheitliches Vorgehen zur Steuerung und Gestaltung von Lern- und Veränderungsprozessen in und mit Organisationen, welches zum Ziel hat:

Organisationsentwicklung (OE)

1. *reaktiv*, auf sich verändernde Kontextbedingungen, entsprechende Anpassungsleistungen zu vollbringen;
2. und *proaktiv*, den eigenen, relevanten Kontext so mitzugestalten, daß ein höheres Maß an zukünftigen Handlungs- und Entwicklungsoptionen zu erwarten ist.

Moderner, integrativer Personalentwicklung (PE) kommt es dann zu, Maßnahmen zu entwickeln,

Integrative Personalentwicklung

- die zur Erweiterung von Kenntnissen, Fähigkeiten und Verhaltensweisen von Menschen im Unternehmen dienen,
- um damit das nötige Verhaltenspotential zu schaffen, das die Problemlösungsfähigkeit des Unternehmens erhöht.

Integrative Personalentwicklung verbindet somit einen strategischen mit einem operativen Teil und läßt sich definieren als die Gesamtheit der Instrumente und Verfahren, deren Einsatz es erlaubt,

- ❐ die zuvor genannten Ziele der Organisation planmäßig und im angestrebten Umfang zu erreichen;
- ❐ und dies im Ausgleich der Interessen der Organisation mit den Entwicklungs- und Förderungsbedürfnissen der jeweiligen MitarbeiterIn.

Dies sei an folgender Grafik verdeutlicht:

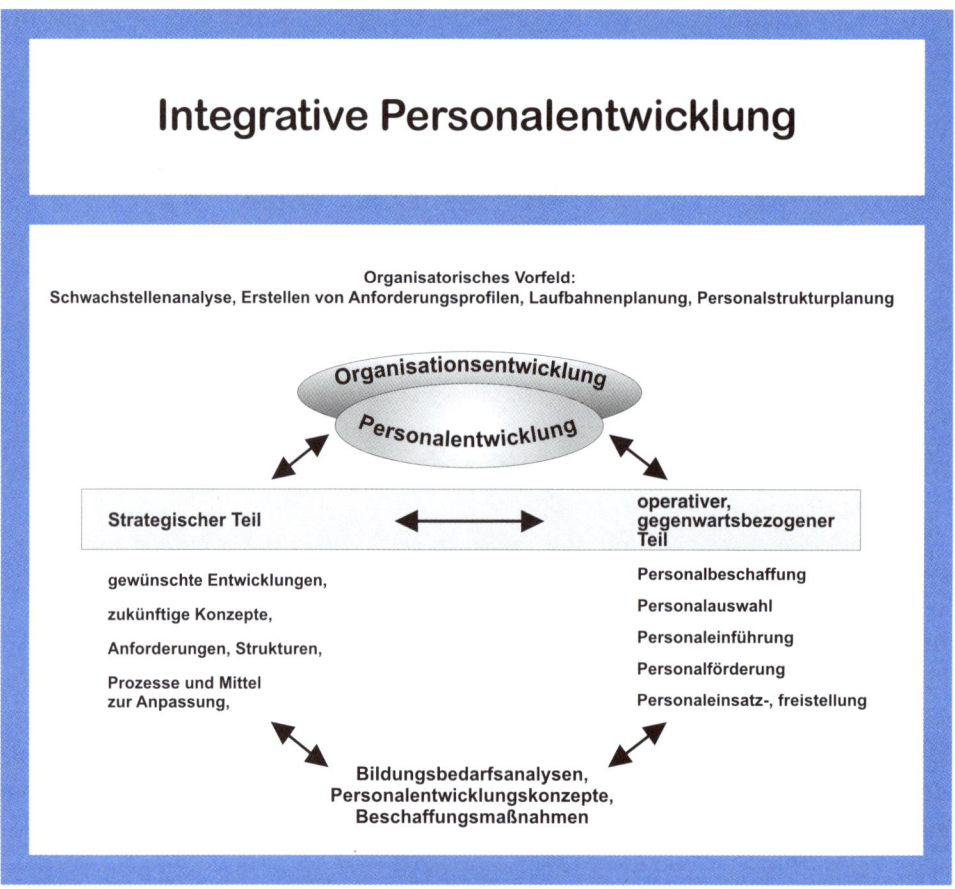

Abb. 39

Der strategische Teil von PE

Der **strategische** Teil von PE fokussiert auf

- ❐ die Entwicklung des Umfeldes,
- ❐ die sich daraus ergebenden Anforderungen an die Organisation
- ❐ und formuliert entsprechend Kompetenzanforderungen an die MitarbeiterInnen.

Der operative Teil systemischer PE

Der **operative** Teil systemischer PE konzentriert sich auf die ganz aktuellen, konkreten und praktischen Maßnahmen einer, jetzt im wörtlichen Sinne, Personalentwicklung.

Was ist „Coaching"?

2.4.2 Was ist Coaching?

Seit etwa Ende der achtziger Jahre werden unterschiedliche Coaching-Konzepte im Rahmen der Managemententwicklung diskutiert. Sichtet man die vorhandenen Definitionen, so stößt man auf eine Vielzahl von unterschiedlichen Auffassungen, die sich hauptsächlich zwischen den Polen eines sportiven Trainings und einer berufsbezogenen Psychotherapie bewegen.

1. *Die Ansätze, die stärker den Trainer, ganz im sportiven Sinne, betonen.*

Entsprechend ist der Coach derjenige, der

- den Gegner kennt und eine erfolgversprechende Strategie überlegt,
- die Spielregeln erklärt,
- für die Motivation sorgt und das notwendige Fitness – Programm entwickelt,
- hofft, daß die MitarbeiterIn die gewünschten Erfolge erzielt,
- hinterher lobt oder tadelt, beides mit dem Ziel, beim nächsten Mal noch besser zu sein,
- und wenn's nicht anders geht, für die Auswechslung sorgt.

Coaching – ein sportives Training?

Das liest sich dann so:

„Coaching hat nichts damit zu tun, in Ruhestellung zu verharren, es sich oder den Gecoachten möglichst bequem zu machen. Es geht nicht um die Bearbeitung von psychischen Störungen „auf einer Couch". Coaching kann nur dazu beitragen, im Rahmen der eigenen „Psychohygiene" das Wohlbefinden zu verbessern. Im Coaching ist Bewegung, sind Ziele zu erreichen. Schwierigkeiten, Widerwärtigkeiten, Unvorhergesehenes, Gegner und Feinde machen es mir, meinem Team, nicht einfach, unsere Ziele auch zu erreichen. Wir müssen darum nicht nur gut vorbereitet sein, sondern in schwierigen Situationen uns auch richtig zu helfen wissen" (*Kählin*, 1995:122).

Und

„Beim echten Coaching kommt es darauf an, das störende Verhalten eines einzelnen Managers aus dem Zusammenhang heraus zu verstehen. Erst auf diese Weise zeigt sich, ob es für das Problem Abhilfe gibt. Und dann kann der Betreffende auch zu einer Umstellung seines Verhaltens ermutigt werden. Coaching – also Hilfestellung beim Verändern von Verhaltensweisen, die einen tüchtigen Manager aus der Bahn zu werfen drohen – erweist sich oft als der beste Weg, dem betreffenden aus der Klemme zu helfen" (*Kählin*, 1995:105).

Beim Lesen fällt einem unwillkürlich die „Triviale Maschine" von *Heinz v. Foerster* wieder ein. Im Vordergrund steht die einseitige Beeinflussung durch den Coach in Form von „fit machen" und Verhalten ändern. Die Wünsche, Ziele, Vorstellungen der Gecoachten geraten dabei eher ins Hintertreffen.

Was ist „Coaching"?

Coaching als berufsbezogene Therapie?

2. Die Ansätze, die stärker die Person mit ihren Befindlichkeiten, psychischen Dispositionen und Entwicklungswünschen betonen.

Auch hierfür zwei Beispiele:

> „Der im modernen Management-Speech unverbindlich-neutral anmutende Begriff „Coach" heißt zwar wörtlich übersetzt so viel wie Trainer oder Repetitor; tatsächlich aber handelt es sich um nichts anderes als die ehrenwerte Tätigkeit des Psychotherapeuten. Unternehmensprobleme sind immer auch Seelenprobleme der in ihnen handelnden Personen." (Dagmar Deckstein in SZ Nr. 125 vom 2. Juni 1998)

oder

> „Coaching als emotions- und problemorientierte Beratungsform kann sich aus den genannten Gründen keinem psychotherapeutischen Verfahren alleine verpflichten. Der Coach sucht vielmehr, natürlich entsprechend der jeweiligen Problemlage, in einem ersten Schritt den Fokus der Beschwerde in der Berufswelt. Erst im zweiten Anlauf werden dann auch privatweltliche Erfahrungen als Ursachen in Betracht gezogen. So strebt Coaching meistens eher Korrekturen der beruflichen Perspektiven an, der beruflichen Handlungsformen, Strukturweisen und oft auch des beruflichen Umfeldes" (*Schreyögg, A.* 1995:65).

Der Coach erscheint hier fast als eine Art berufsbezogener Seelenarzt, der mit seinem Coachee
- Seelenprobleme bearbeitet,
- Erlahmte oder verschüttete Motivationen und Fähigkeiten reaktiviert,
- Sinn- und Identitätskrisen bewältigt sowie
- Neue Berufs- und Lebensperspektiven eröffnet.

3. Unser Verständnis von Coaching

Unser Verständnis: Coaching als professionelle Weiterentwicklung der ganzen Person

Die Analogie zum Sport ergibt für uns ein allzu einseitiges und verkürztes „Trimm-Dich"-Konzept von Coaching. Natürlich spielt bei jedem Coaching-Prozeß auch der Aspekt der Leistungsverbesserung eine Rolle und natürlich geht es dabei auch um das Erlernen und Einüben neuer Verhaltensweisen. Aber Leistung und Verhalten hängen mit Motivationen und persönlichen Ressourcen zusammen und Personalentwicklung ist, wie eben dargestellt, mehr als Leistungssteigerung und Verhaltensänderung, nämlich die Weiterentwicklung der ganzen Person mit ihren Motiven und Fähigkeiten, ihren Einstellungen und Haltungen, ihren Werten und Überzeugungen. Andererseits geht uns der an psychotherapeutischen Konzepten orientierte Coaching-Begriff zu weit in die umgekehrte Richtung, da wir die Person vornehmlich in ihrer *beruflichen* Rolle betrachten und Coaching als Unterstützung bei der *professionellen* Weiter-

Was ist „Coaching"?

entwicklung verstehen. Das schließt ein Ansprechen „tieferliegender" persönlicher Schwierigkeiten und Konflikte nicht grundsätzlich aus, wenn

- ❒ die berufliche Entwicklung durch diese Probleme erheblich behindert wird und
- ❒ beide Partner sich darauf einigen, diese Probleme zum Thema zu machen und außerdem
- ❒ die Grenze zu einer intensiven therapeutischen Bearbeitung (sofern eine solche notwendig erscheint) klar eingehalten wird. Coaching kann hier die Aufgabe übernehmen, für eine solche Therapie zu motivieren und an sie zu überweisen.

Die Grenze zur Therapie

Unsere Definition von Coaching

Entsprechend dem bisher Gesagten verstehen wir Coaching als

- ❒ eine personenorientierte Förderung von Menschen in ihrer professionellen Rolle und in ihrem jeweiligen konkreten Arbeits- und Aufgabenkontext;
- ❒ eine Mischung von prozeßbegleitender Beratung, zielorientierter Anleitung und handlungsorientiertem Training ;
- ❒ und als Instrument integrativer Personalentwicklung, die versucht Lernen und Arbeiten optimal zu verzahnen.

Abb. 40

Graphisch läßt sich die Definition etwa so darstellen:

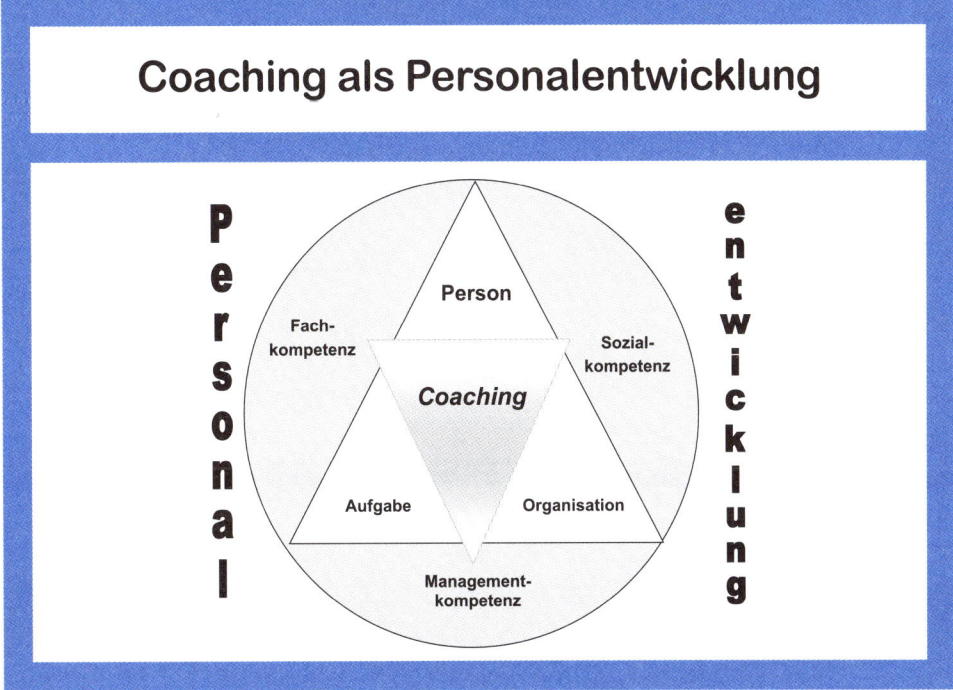

Abb. 41

Coaching als strukturelle Koppelung von Personen und Organisationen

In dieser Definition steckt der Versuch, Coaching auch als **strukturelle Koppelung von Person und Organisation** und damit als Instrument in einen ganzheitlichen Ansatz von Personalmanagement einzubetten.

> **Personenorientierte Förderung versteht Coaching als Lernprozeß, bei dem**
>
> ❒ die Motivation und das Lerninteresse im Coachingprozeß sehr stark auch vom Lernenden ausgehen,
> ❒ die Möglichkeit zum selbstgesteuerten Lernen besteht,
> ❒ bestehendes Vorwissen und das vorhandene Überzeugungssystem des Lernenden ausreichend berücksichtigt werden,
> ❒ kontextuelle Bezüge gewährleistet sind,
> ❒ die Lernatmosphäre von einer auf Vertrauen basierenden kooperativen Zusammenarbeit geprägt ist
> ❒ und das ganze in einer angenehmen und angemessene Lernumgebung statt findet.

Ein solcher Lernprozeß ließe sich dann nach folgendem Modell steuern:

Abb. 42

Was ist „Coaching"?

Coaching ist jedoch auch ein spezieller Aushandlungs- und Beratungsprozeß, der zum Ziel hat,

- zwischen den Zielen der Organisation und den Zielen der MitarbeiterInnen zu einem tragfähigen Konsens zu kommen,
- Entwicklungswünsche und – möglichkeiten mit der MitarbeiterIn zu klären und die entsprechenden Schritte zu entwickeln,
- Unterstützung im Erlernen bestimmter Rollenanforderungen zu geben (z.B. Berufsbeginn, Vorbereitung auf die erste Führungsaufgabe),
- für bestehende Probleme gemeinsame Lösungskonzepte zu erarbeiten,
- innovative Projekte intensiv zu beraten und anzuleiten,
- Sinnkrisen und Konflikte zu bewältigen
- und die Selbständigkeit des Mitarbeiters auf ein Höchstmaß zu entwickeln.

Coaching als Aushandlungs- und Beratungsprozeß

Der Coach hat das Kunststück zu vollbringen, gleich drei Funktionen in seiner/ihrer Rolle als BeraterIn zu vereinen

- prozeßbegleitende Beratung,
- zielorientierte Anleitung
- und handlungsorientiertes Training.

Der Coach wird damit zum Experten für den Inhalt, wenn es um Anleitung geht, er wird zum Trainer wenn es um die Entwicklung von Fähigkeiten und die Modifikation von Verhalten geht, und er wird zum Experten für den Prozeß, wenn es um die Gestaltung und Steuerung der Beratung geht.

2.4.3 Coaching – für wen und durch wen?

Bereits in unserer Begrüßung am ersten Tag unseres Workshops hatten wir Sie mit dem Bild von den drei Schwänen auf die doppelte Bedeutung und die zwei unterschiedlichen Formen von Coaching hingewiesen, nämlich:

- Coaching von MitarbeiterInnen durch Führungskräfte und
- Coaching von Führungskräften durch (i. d. Regel externe) BeraterInnen.

Die doppelte Bedeutung von Coaching

Der kontextuelle Unterschied sei hier nochmals mit folgender Grafik verdeutlicht:

Abb. 43

Das Geschehen in dem Beratungsverlauf selber, das grundlegende Verständnis von Beratung, der Einsatz von Methoden und Techniken mögen vielleicht ähnlich sein, der jeweilige Beratungskontext, die dazugehörigen Rollen, das Zustandekommen der Beratung und das Aushandeln des Beratungskontraktes ist dagegen sehr unterschiedlich. Es ist allerdings nicht unbestritten, daß ein Coaching von Mitarbeitern durch Vorgesetzte, trotz Beachtung der Unterschiede durch die Beteiligten, überhaupt möglich sei. So bezeichnet Hans Rudi Fischer in einem Zeitungsinterview (SZ vom 5./6.12.1998) das Mitarbeiter-Coaching wegen der asymetrischen Beziehung zwischen den Beteiligten als „Ding der Unmöglichkeit": Denn: „Hier soll im Kontext einer hierarchischen Beziehung eine nicht-hierarchische Beziehung gelebt werden. Sowohl Vorgesetzter als auch Mitarbeiter haben jeweils zwei Rollen. Auch wenn dem Mitarbeiter versichert wird, daß die Inhalte der Beratungsgespräche ganz vertraulich behandelt werden, kann er sich prinzipiell nicht sicher sein, daß das daraus entstehende Wissen nicht gegen ihn verwendet wird."

Wir teilen seine Meinung in Bezug auf Unternehmen mit starren Hierarchien und einem autoritären Führungsstil, da hier die Beziehung zwischen den unmittelbar Beteiligten trotz bester Absichten durch den Kontext so überformt wird, daß Mißtrauen und Widersprüche vorprogrammiert sind und der Mitarbeiter sich schnell in einer Beziehungsfalle fühlt. Wir teilen sie aber nicht bei Organisationen mit flachen Hierarchien und einer kooperativen Führungsstruktur, wenn beiden Seiten bewußt ist, daß es sich hier um etwas anderes handelt, als um eine Beratung in einer hierarchiefreien, symetrischen Beziehung und sie sich darüber bei Begründung der Coaching-Beziehung verständigen und das mögliche Maß an Offenheit und Vertrauen entsprechend begrenzen. Genaueres hierzu morgen Vormittag.

2.4.4 Supervision und Coaching

Der hier skizzierte Coaching-Begriff, wie er sich in der Privatwirtschaft und vornehmlich im industriellen Sektor entwickelt hat, findet allmählich Eingang auch im sog. Non-Profit-Bereich, vor allem im öffentlichen Dienst und bei freien Trägern des Gesundheitswesens und der sozialen Arbeit. Damit stellt sich die Frage nach seiner Verbindung und Abgrenzung zum Begriff der Supervision, welcher sich im Bereich der sozialen Arbeit für die begleitende Reflexion beruflichen Handelns herausgebildet und eingebürgert hat und der seinerseits inzwischen auch in anderen Bereichen, vor allem im Bildungs- und Gesundheitswesens, aber teilweise auch bei profitorientierten Dienstleistungsunternehmen Eingang gefunden hat – womit die Überschneidungen zunehmen und die Begriffsverwirrung perfekt wird.

Supervision...

Ein kurzer Rückblick auf die historische Entwicklung von Supervision dient vielleicht der Klärung:

- Sie wurde in den 20er Jahren dieses Jahrhunderts in den USA als Instrument der Professionalisierung sozialer Dienste eingeführt und meinte i. S. der ursprünglichen Wortbedeutung („supervidere" = etwas von oben herab überblicken) anfänglich die fachliche Anleitung und Kontrolle von MitarbeiterInnen durch Vorgesetzte und von Auszubildenden durch ihre AnleiterInnen im Rahmen von Praktikas. Hier liegt also eine Parallele zum Coaching von MitarbeiterInnen durch Führungskräfte vor.

...als fachliche Anleitung und Kontrolle

- Mit der Rezeption der Psychoanalyse in der amerikanischen Sozialarbeit wandelte sich auch das Verständnis von Supervision in Richtung einer tiefenpsychologisch orientierten berufsbegleitenden Reflexionshilfe, die schwerpunktmäßig die persönliche Beziehung zwischen den SupervisandInnen und ihren KlientInnen und die dabei auftauchenden Übertragungs- und Gegenübertragungsphänomene thematisierte, und die von externen, nicht in die Organisation eingebundenen BeraterInnen angeboten wurde. Diese garantierten ihren SupervisandInnen unter dem Schutz ihres Berufsgeheimnisses absolute Verschwiegenheit über Ziele, Inhalte und Verlauf des Beratungsprozesses, was bei Supervisionen, die der Arbeitgeber bezahlte, auch von diesem respektiert wurde. Damit erhielt Supervision immer mehr den Charakter einer quasitherapeutischen Arbeit der SupervisandInnen an ihrer Helferpersönlichkeit und ihrer beruflichen Identität.

...als berufsbegleitende Reflexionshilfe

- Während in den USA seitdem beide Konzepte von Supervision nebeneinander bestehen, hat in der BRD nach dem Zweiten Weltkrieg nur das letztere Eingang gefunden und die weitere Entwicklung von Ausbildung und Praxis wesentlich bestimmt. Daneben hat sich allerdings im Gefolge der 68er-Bewegung auch ein stärker an den realen Interessen der KlientInnen und an der Thematisierung und Veränderung organisatorischer und politischer Rahmenbedingungen orientiertes Verständnis etabliert. Gleichzeitig hat auch bei uns mit der Rezeption der ebenfalls in den

Supervision in der BRD

USA entwickelten Gruppendynamik die Teamsupervision als Angebot zur Reflexion und Verbesserung von Kommunikations- und Kooperationsbeziehungen in Arbeitsteams Fuß gefaßt.

Intimität der Beziehung zwischen SupervisorIn und SupervisandIn

❐ Gemeinsam blieb allen diesen Ansätzen aber die Intimität der Beziehung zwischen SupervisorIn und SupervisandIn und die Abgrenzung gegenüber den Zielen und Interessen der Organisation, mit der höchstens ein formaler Vertrag geschlossen wurde, während alle inhaltlichen Vereinbarungen ausschließlich zwischen SupervisorIn und SupervisandInnen getroffen werden. Dieses Verständnis von Supervision entspricht, sofern es sich an MitarbeiterInnen in Leitungsfunktionen richtet, einer Form des Coaching, die sich in der Privatwirtschaft nur obere Führungskräfte und Top-Manager gelegentlich ganz persönlich und ohne jede Vorgabe von ihrem Unternehmen leisten.

Supervision als Instrument der Qualitätssicherung

❐ In den letzten Jahren hat sich jedoch unter dem wachsenden Sparzwang der öffentlichen Haushalte und dem zunehmenden Ruf nach Effizienzsteigerung der sozialen Dienste ein erneuter Wandel des Supervisionsverständnisses angebahnt. Supervision definiert sich danach primär als Instrument der Qualitätssicherung sozialer und gesundheitlicher Dienstleistungen *(Deutsche Gesellschaft für Supervision)* und orientiert sich dadurch wieder mehr an inhaltlichen Vorgaben und an den Interessen der auftraggebenden Institutionen. Im Zusammenhang damit wird es üblicher, den Supervisionskontrakt im Dreieck Dienststelle – Supervisor – Supervisand auszuhandeln und dabei gemeinsame Ziele zu definieren und einen Kompromiß zwischen den Interessen des Arbeitgebers nach Information und Erfolgskontrolle und denen der SupervisandInnen nach Verschwiegenheit auszuhandeln. Dieses neuere Verständnis dürfte, angewandt auf die Supervision von Leitungspersonen, dem üblichen Coaching von Führungskräften, vor allem aus dem mittleren und unteren Management, sehr nahe kommen. Was trotzdem, jedenfalls im Vergleich mit dem von uns skizzierten Coaching-Verständnis meist fehlt, ist die ausdrückliche Einbindung in ein Personalentwicklungskonzept und die Betonung von Aspekten zielorientierter Anleitung und handlungsorientierten Trainings neben der reinen Beratung.

Fallsupervision

❐ Aber selbst wenn sich Leitungssupervision hier immer mehr einem Coaching-Verständnis annähert und beide Begriffe allmählich zu Synonymen werden, so bleibt Supervision in einem anderen Kontext, nämlich als Fallsupervision für MitarbeiterInnen aller personbezogenen Dienstleistungen im Bereich von Bildung, Gesundheit und sozialen Diensten ein unverzichtbares Element der Qualitätssicherung.

Die wesentlichen Aspekte von Coaching

Lassen Sie uns daher zum Schluß nochmals die Aspekte festhalten, die uns, unabhängig von einem Streit über Begriffe, für Coaching wesentlich erscheinen:

Was ist „Coaching"?

- Coaching ist eine ganzheitliche Verbindung von Beratung, Anleitung und Training.
- Coaching ist eingebunden in ein Personalentwicklungskonzept einer Organisation und betreibt Führungskräfteentwicklung im Sinne der Ziele einer Organisation.
- Coaching ist teil des Führungsverständnisses und des Führungshandelns.
- Coaching verfolgt damit die Interessen und Ziele der Organisation in weitaus explizterer Weise als dies Supervisionskonzepte beanspruchen.

Wie diese Aspekte dann im konkreten Coaching-Prozeß und insbesondere in den zwei unterschiedlichen Kontexten,
- im Rahmen eines Vorgesetzten-Untergebenen-Verhältnisses einerseits
- und in einer offeneren und freieren Beziehung zwischen Führungskräften und externen BeraterInnen andererseits

zum Tragen kommen, ist eine Frage des klaren Kontraktes zwischen allen Beteiligten. Darauf möchten wir morgen genauer eingehen.

2.5 Gruppenarbeit zum Thema: Unterschiedliche Inhalte von Coaching

Wir schlagen Ihnen nun vor, drei Gruppen mit folgender Zusammensetzung und Aufgabenstellung zu bilden:

Gruppe 1: Zusammengesetzt aus Führungskräften
„Welche Inhalte/Fragestellungen/Probleme können Sie sich vorstellen in einem Coaching mit Ihnen unterstellten MitarbeiterInnen zu bearbeiten?"

Gruppe 2: ebenfalls aus Führungskräften gebildet
„Welche Inhalte/Fragestellungen/Probleme aus Ihrer Arbeit können Sie sich vorstellen, mit einem/r (externen) BeraterIn zu bearbeiten?"

Gruppe 3: bestehend aus BeraterInnen:
„Welche Themen/Fragestellungen/Probleme haben Sie schon in Coachings bearbeitet oder könnten Sie sich vorstellen, zu bearbeiten?"

Wenn wir uns vorstellen, Sie hätten Ihre Arbeitsergebnisse auf Moderatorenkarten geschrieben und wir hätten sie im anschließenden Plenum auf der Pinwand geordnet und geclustert, könnte sich in etwa folgendes Bild ergeben:

Was ist „Coaching"?

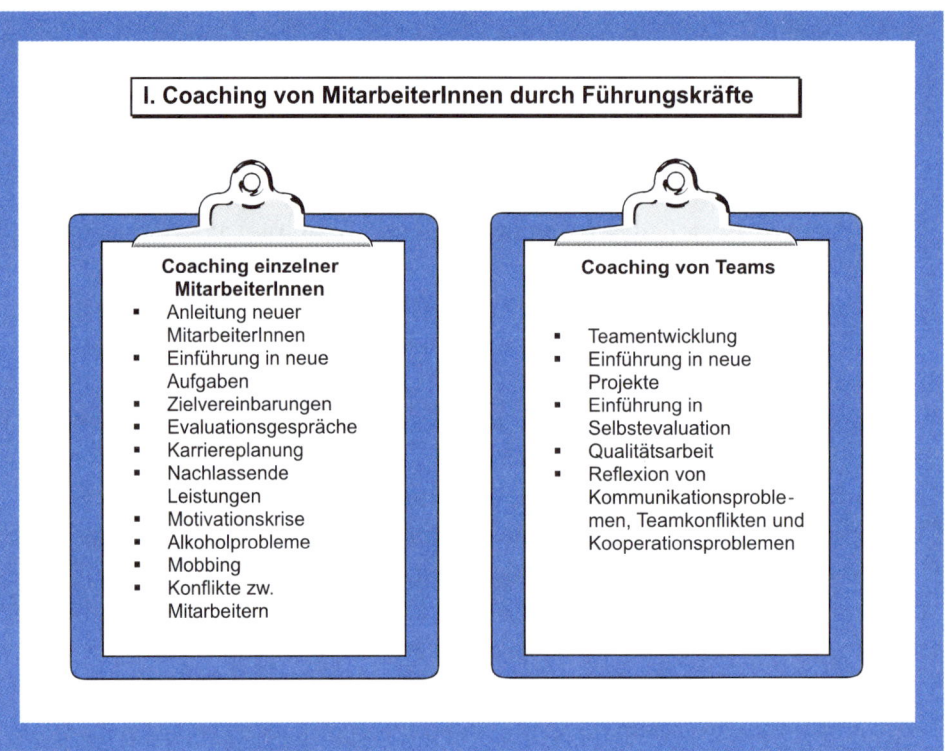

Abb. 44

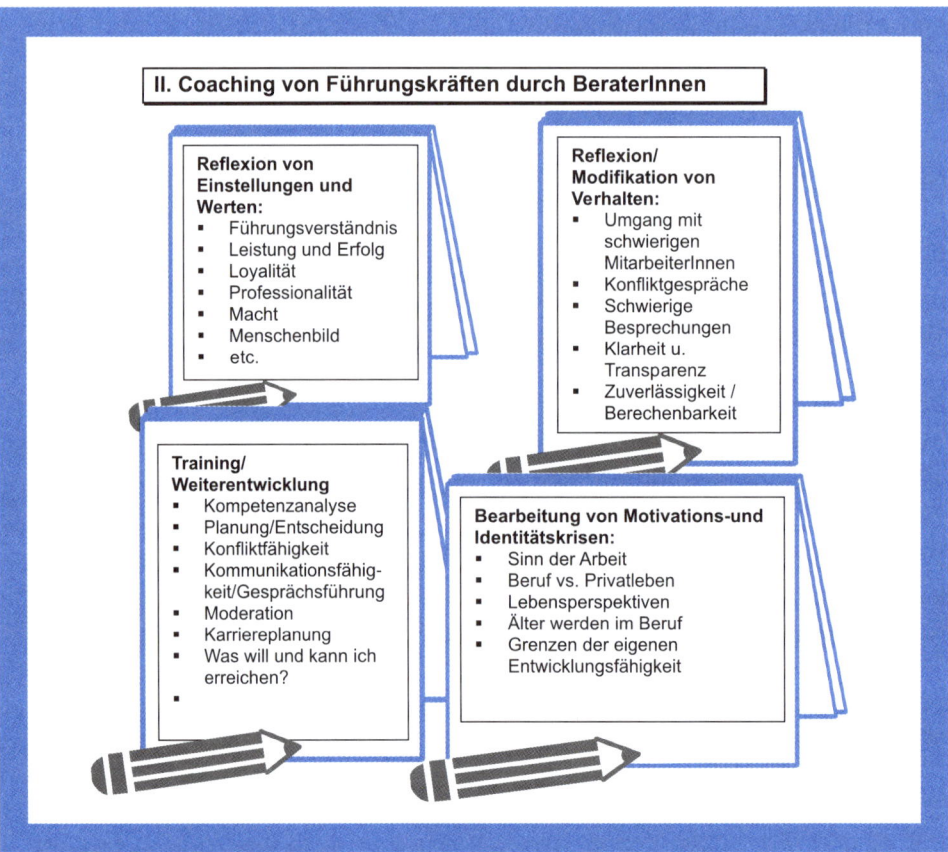

Abb. 45

Was ist „Coaching"?

Wenn wir uns diese Themensammlung nochmals vergegenwärtigen, so fällt auf, daß die Themen beim Coaching von Führungskräften stärker auf die Person des Gecoachten bezogen sind, als beim Coaching von MitarbeiterInnen, oder anders ausgedrückt: sie scheinen eine „tiefergehende" Reflexion und Veränderung der eigenen Person zu intendieren. Hier zeigt sich deutlich und realistisch der kontextuelle Unterschied zwischen einer freiwilligen und nicht freiwilligen Beratung, außerhalb oder innerhalb einer hierarchischen Beziehung.

Der kontextuelle Unterschied zwischen den zwei Formen von Coaching

Und schauen wir genauer auf die Themenbereiche beim Coaching von Führungskräften, so kommt darin eine gewisse Stufenfolge unterschiedlich intensiver und umfassender Reflexions- und Veränderungsansprüche zum Ausdruck, von der „bloßen" Modifikation konkreter, beobachtbarer Verhaltensweisen über die Weiterentwicklung relativ stabiler Verhaltensdispositionen oder Fähigkeiten, bis zur Ergänzung und Veränderung von ihnen zugrundeliegenden Einstellungen und Haltungen, Zielen und Werten und eventuell dahinter stehenden Lebenskonzepten. Einer solchen Abstufung liegt eine Modellvorstellung von „Persönlichkeit" zugrunde, die sich aus verschiedenen Schichten unterschiedlicher Variabilität oder Nähe zu einem festen „Persönlichkeitskern" zusammensetzt, eine Vorstellung, die uns, die wir von einer christlich-abendländischen Kultur geprägt sind, recht plausibel erscheint.

Ebenen der Persönlichkeit

Das folgende Schema versucht, diese unterschiedlichen Ebenen der Persönlichkeit und die damit verbundenen Stufen von Veränderung bzw. Lernen genauer zu fassen und zu differenzieren:

Stufen von Veränderung bzw. Lernen

Abb. 46

Das Schema soll verdeutlichen: Der Ausgangspunkt berufsspezifischer Beratung wie Supervision und Coaching ist i.d.R. ein konkretes Verhalten innerhalb eines bestimmten Kontextes, das für eine bestimmte Umwelt (z.B. KlientInnen, MitarbeiterInnen, Vorgesetzte) und/oder den zu Beratenden zum Problem geworden ist. Eine Veränderung auf einer unteren Stufe setzt nicht notwendig eine Veränderung auf einer höheren Stufe voraus, während umgekehrt eine Veränderung auf einer höheren Ebene eine Veränderung auf den darunter liegenden i.d.R. mitbewirkt.

Einigung über Veränderungsebenen

Es ist dann Sache der Coaching-Partner, unter Berücksichtigung des gemeinsamen Kontextes sich darauf zu einigen, auf welcher Ebene sie eine Veränderung für notwendig ansehen und ob diese Veränderung Gegenstand und Ziel ihrer Zusammenarbeit sein soll. Darauf möchten wir morgen näher eingehen, wenn wir uns mit Ihnen über den Kontrakt im Coaching unterhalten.

Reflexionsvorschlag

Für heute möchten wir Sie mit der Anregung in die wohlverdiente Abendruhe entlassen, noch ein wenig darüber nachzudenken, welche persönlichen Veränderungen Sie für eine weitere Optimierung Ihrer beruflichen Tätigkeit zur Zeit als wichtig ansehen, auf welcher Persönlichkeitsebene diese angesiedelt sind und unter welchen Voraussetzungen Sie selbst bereit wären, daran in einer berufsbezogenen Form von Beratung zu arbeiten.

Literatur

Belardi, N. (1996): Supervision. Eine Einführung für Soziale Berufe. Freiburg i. Br.
Deutsche Gesellschaft f. Supervision (Hrsg.): Supervision – Professionelle Beratung zur Qualitätssicherung am Arbeitsplatz, H. 10/96, Köln
Fatzer, G. (Hrsg.): Organisationsentwicklung in der Zukunft, Köln 1993
Geißler K. H. (Hrsg.): Organisationslernen und Weiterbildung, Neuwied 1995
Hauser, E. (1993): In: L. v. Rosenstiel et. al. „Führung von Mitarbeitern" München
Kählin, K. (1995): Captain oder Coach – Neue Wege im Management, Thun
Loos, W. (1991): Coaching für Manager, Landsberg/Lech
Mintzberg H. (1973): The nature of managerial work. New York
Sattelberger, Th. (1994): Personalentwicklung neuer Qualität durch Renaissance der helfenden Beziehung. In: Sattelberger (Hrsg.): Die lernende Organisation
Schreyögg, A. (1995): Coaching, Frankfurt/New York
Senge, P. (1990): Die fünfte Disziplin, Stuttgart
Simon, F. (1997): Die Kunst nicht zu Lernen. Heidelberg

Kontext und Kontrakt im Coaching

3. TAG:

VORMITTAG: KONTEXT UND KONTRAKT IM COACHING

3.1 Warming-Up

Bitte stehen Sie, bevor wir nun mit dem methodischen Teil unseres Workshops beginnen, kurz mal auf, strecken sich, atmen einige Male tief durch, schütteln sich ein wenig und ziehen eine imaginäre Linie durch Ihren Raum.

Zeitlinie

1. Tag	2. Tag	3. Tag	4. Tag	5. Tag
Vergangenheit		Gegenwart		Zukunft

Nehmen Sie sich einige lose Blätter Papier und schreiben Sie auf, was Ihnen in den letzten Tagen unseres Workshops wichtig war, wie dies Ihr Heute beeinflußt, und was Sie in den nächsten Tagen von unserem Workshop noch mitnehmen wollen. Dazu gehen Sie ruhig auf der Linie auf und ab, Blicken von heute aus in die Vergangenheit, beschreiben Ihre Blätter, ordnen die einzelnen Punkte den Tagen zu. Ebenso machen Sie dies bitte mit Ihren Erwartungen. Wenn Sie alle Aspekte verteilt haben, betrachten Sie die Gegenwart aus Ihrer Vergangenheit und aus Ihrer Zukunft und Fragen sich:

- ❐ Woran merke ich in meinem Alltag als Führungskraft/als Coach das dieser Workshop für mich einen Gewinn bedeutet?
- ❐ Woran merken es meine Mitarbeiter/Kunden?
- ❐ Was werde ich anders machen?
- ❐ Wie werden mich einzelne Teile dieses Workshops dabei unterstützen?
- ❐ Wer kann mich noch dabei unterstützen?
- ❐ Was ist mein erster Schritt in diese Richtung?

Schönen Guten Morgen zu unserem 3. Tag!

Lassen Sie uns zu Beginn des dritten Tages, bevor wir zu dem praktischen Teil kommen, mit folgenden Punkten einsteigen:

- ❐ Leitideen eines systemischen Coachings
- ❐ Die Bedeutung des Kontextes im Coaching

3.2 Thematischer Einstieg

3.2.1 Leitideen eines systemischen Coachings:

Leitideen

Wie Ihnen ja auch im Verlauf unseres Fern-Workshops deutlich wurde, unterlegen wir unserem Konzept von Coaching ein systemisches Verständnis der Wirklichkeit. Daraus lassen sich einige Leitideen formulieren, die Ihnen zum Verständnis der Vorgehensweise und der Methodik sehr dienlich sein werden. Dabei ist es uns wichtig, Sie auf einige Aspekte hinzuweisen, die generell, d.h. für Mitarbeiter- und Führungskräfte – Coaching gleichermaßen Gültigkeit haben.

Lösungsorientierte Konzepte

Da es bei jedem Coaching – Prozeß um das Wechselspiel zwischen den strategischen Zielen der Organisation und den Zielen, Erwartungen des jeweiligen Mitarbeiters geht, ist es erforderlich, den Coaching – Prozeß ergebnis- und transferorientiert auszurichten. Dazu wiederum hat es sich als äußerst erfolgreich erwiesen, bei der Konzeptionierung und Durchführung von Coachingvorhaben die lösungsorientierten Konzepte der systemischen Beratung zu nutzen, wie sie z.B. von *Steve de Shazer* (1991 und 1992) oder Inso *Kim Berg* (1993) formuliert wurden. Im Detail werden wir dies am morgigen Nachmittag näher ausführen. Jetzt an dieser Stelle nur so viel:

Orientierungspunkte

Zur Gestaltung eines Coaching – Prozesses sind, unserer Auffassung nach, von Führungskräften und externen BeraterInnen folgende Orientierungspunkte zu beachten:

Abb. 47

Kontext und Kontrakt im Coaching

Aus diesen Orientierungspunkten läßt sich für den Coachingprozeß folgende Vorgehensweise ableiten:

Vorgehensweise

> **Vorgehensweise im Coachingprozeß**
> 1. Klärung der Ausgangssituation/ des Kontextes für den Coaching-Prozeß,
> 2. Klärung des Anliegens, resp. des Auftrages,
> 3. Erarbeitung von Zielen und Zielerreichungskriterien,
> 4. Reflexion des Zusammenhangs, in dem das Anliegen, z.B. ein Problem, steht,
> 5. Erarbeitung von Lösungsschritten,
> 6. Absprachen und Vereinbarungen.

Abb. 48

Übertragen auf eine grafische Darstellung und bereits versehen mit den zentralen Interventionstechniken ließe sich dies in etwa so darstellen.

(siehe Abbildung 49 nächste Seite)

Zentrale Voraussetzung für das Gelingen des Coaching sowohl in der Konstellation zwischen Vorgesetztem und MitarbeiterIn als auch in der zwischen externem Coach und Führungskraft ist, daß es den Beteiligten gelingt, eine von Respekt und Wertschätzung getragene Kooperation herzustellen. Dazu ist die Beachtung folgender Grundsätze äußerst hilfreich:

Respekt, Wertschätzung, Kooperation herstellen

> **Grundsätze des Coachingprozesses**
> ❐ Der Coach steht in der Verpflichtung dem Gesamtsystem und nicht nur seinem unmittelbaren Partner gegenüber.
>
> ❐ Der Coachee ist der Experte für die Ziele und die Inhalte des Coaching im Rahmen seiner Kontextanforderungen.
>
> ❐ Die konkreten Bedingungen des Coachee, der Kontext, die organisatorischen Rahmenbedingungen sind bei der Entwicklung der Lösungen zu berücksichtigen.
>
> ❐ Der Coach bemüht sich, einzuladen, anzuregen, Entwicklungen zu fördern, Rahmenbedingungen günstig zu beeinflussen.
>
> ❐ Oberstes Ziel ist es, Kooperation herzustellen.
>
> ❐ Dazu nimmt der Coach eine multi – perspektivische Haltung ein und versucht, den unterschiedlichen Sichtweisen aller direkt und indirekt Beteiligten zunächst neutral zu begegnen.

Abb. 50

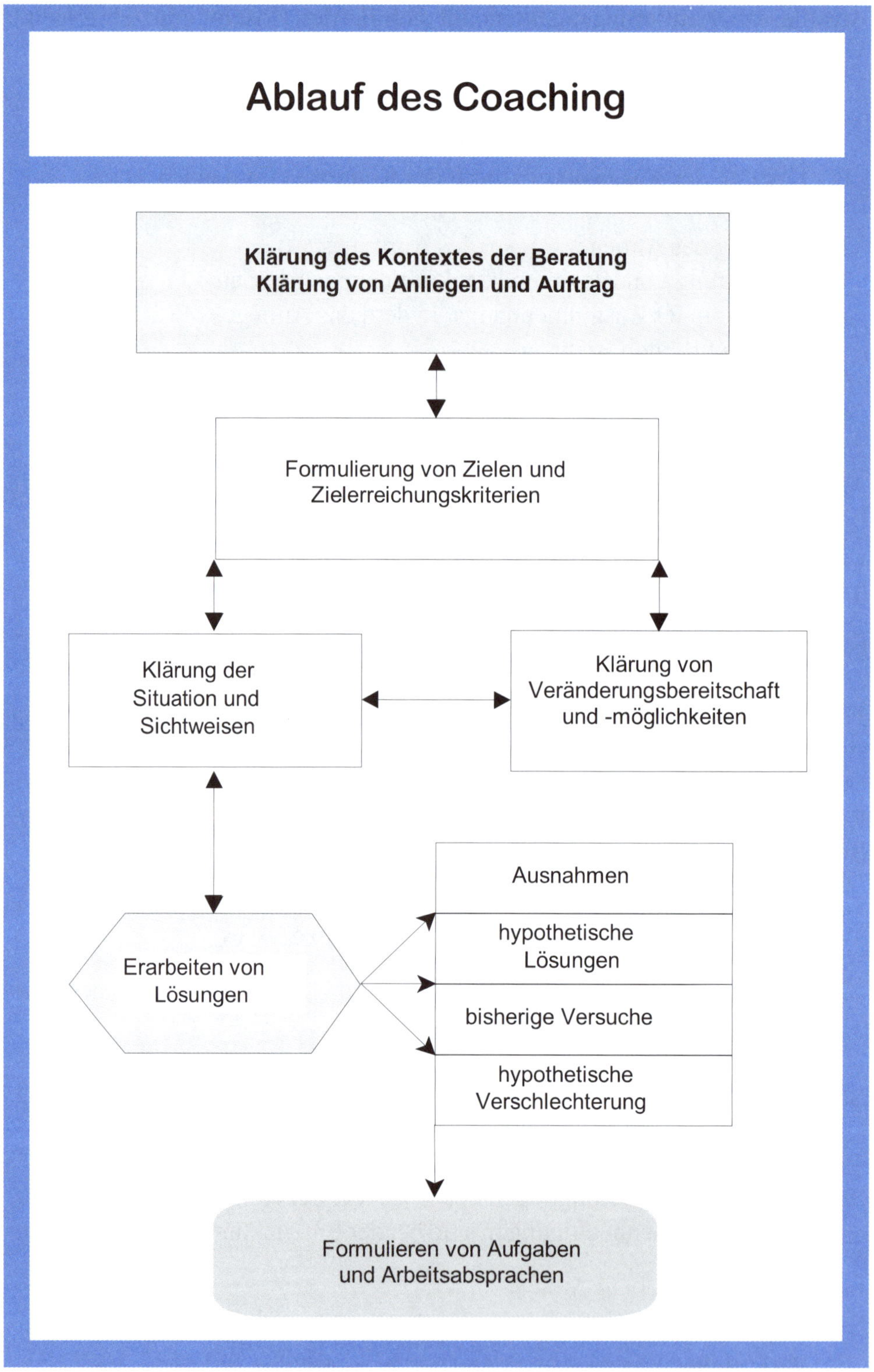

Abb. 49

3.2.2 Die allgemeine Bedeutung des Kontextes

„Coaching" ist, wie wir gestern gehört haben, eine bestimmte professionelle Form, menschliche Beziehungen in Organisationen zu gestalten. Aus syste-

Kontext und Kontrakt im Coaching

mischer Sicht ist dabei der jeweilige Kontext, in dem eine solche Beziehung steht, von entscheidender Bedeutung. Mit „Kontext" meinen wir

- den äußeren Rahmen dieser Beziehung, m.a.W. die Gesamtheit der Strukturen, Regeln und Erwartungen, in die sie eingebettet ist. (Dies wäre bei einem Coaching vor allem die Organisation, in der es stattfindet, mit ihren Zielen, Hierarchien und Abläufen, ihrer Kultur und ihren Umweltbezügen) sowie
- die Form, welche die Beteiligten selbst ihrer Beziehung geben, und die Bedeutung, die sie ihr zuschreiben bzw. das „System", das sie dadurch miteinander bilden. (In einem Coaching sind dies insbes. die Vereinbarungen zwischen Coach und Coachee und die Verhaltensmuster, die sich zwischen ihnen herausbilden).

Kontext meint: den äußeren Rahmen und die Form der Beziehung

Das Verhalten der Beteiligten erhält daher durch diesen zweifachen Kontext eine Begrenzung und Ausrichtung und einen bestimmten Sinn. Hierzu eine kleine Geschichte:

Eine kleine Geschichte

> *Eine Expedition von Marsmenschen will auf unserem Planeten landen. Ihr Raumschiff überfliegt eine Stadt auf der Suche nach einem Landeplatz. Da erblickt die Besatzung direkt unter sich eine an sich geeignete Rasenfläche, auf der aber mehrere Erdenbewohner hin und her rennen. Es sind 23 Männer, davon 11 mit roten Hosen und rot-weiß gestreiften Leibchen, 11 mit blauen Hosen und gelben Leibchen und einer ganz in schwarz. Die Rasenfläche ist umrahmt von terrassenförmig aufsteigenden Stufen, auf denen ganz viele Menschen sitzen. Plützlich springen diese Menschen auf, schreien und singen, schwenken bunte Fahnen, machen Musik auf verschiedenen Instrumenten, tanzen und umarmen sich. Gleichzeitig fallen sich auf dem Rasen die Rothosen in die Arme, knien auf den Rasen und erheben die Arme zum Himmel, während die Blauhosen wie erstarrt stehen bleiben.*
> *Das Raumschiff fliegt weiter, da die Besatzung die religiöse Zeremonie oder das Mysterienspiel nicht stören will, wovon sie annimmt Zeuge geworden zu sein...*
> *(Frei erzählt nach einer Idee von Gregory Bateson, einem der Väter der Systemtheorie).*

Die Geschichte macht deutlich, daß der Sinn dieser Veranstaltung sich dem außenstehenden Beobachter nur über die Kenntnis ihrer Spielregeln, d.h ihres vereinbarten Kontextes erschließt.

Coaching findet, wie wir gestern herausgearbeitet haben, in zwei sehr unterschiedlichen Kontexten statt:

- zum einen im Rahmen eines hierarchischen Verhältnisses als Coaching von MitarbeiterInnen durch eine Führungskraft;
- zum anderen als hierarchiefreie Beziehung zwischen einer Führungskraft und einem/r BeraterIn.

Diese Unterschiede gilt es zu beachten und zu Beginn jedes Coachings zwischen den Beteiligten zu klären und zu reflektieren, da sie Zielsetzung und Ablauf in spezifischer Weise prägen. Heute Vormittag wollen wir uns mit der ersten Spielart und ihrer praktischen Gestaltung beschäftigen und uns heute nachmittag der anderen zuwenden.

3.3 Die Führungskraft als Coach

3.3.1 Der Kontext und seine Klärung

Der allgemeine Kontext

Den *allgemeinen* Kontext eines jede Coachings zwischen Führungskräften und MitarbeiterInnen bilden:

- die formell festgelegten Ziele und Aufgaben, Strukturen und Abläufe der jeweiligen Organisation;
- ihre informellen Strukturen und Prozesse, Normen und Werte bzw. ihre gesamte Kultur;
- und speziell: das Über- und Unterordnungsverhältnis zwischen Coach und Gecoachten.

Die coachende Führungskraft muß sich daher immer wieder fragen:

Kontext-Fragen

- Welches sind die offiziellen Zielvorgaben und Verhaltensregeln, welche die Beziehung zwischen mir und meinem/n Coachingpartner(n) bestimmen und begrenzen?
- Welche Funktion in der Organisation und welche Position in der Hierarchie habe ich selbst, welche hat mein Partner und was ergibt sich daraus für unsere Beziehung?
- Habe ich z.B. Dienst- und Fachaufsicht über ihn, oder nur eines von beiden? Habe ich ihn zu beurteilen? Habe ich maßgeblichen Einfluß auf seine Beförderung? etc.
- welche inoffiziellen, unausgesprochenen Erwartungen in der Organisation richten sich an mich, an meinen Partner und an unsere Zusammenarbeit?
- Was kann ich daher von meinem Partner erwarten und was nicht? Wieviel Offenheit kann ich ihm zumuten? Wo sind Grenzen, die ich respektieren muß?

Diese Fragen sind besonders wichtig, um den Unterschied zwischen den beiden Spielarten von Coaching nicht zu verwischen und in das Führungscoaching – das trotz aller Partnerschaftlichkeit, die ein kollegialer Führungsstil intendiert, Teil einer asymmetrischen, auf Ungleichheit basierenden Beziehung bleibt, – keine Ziele und Erwartungen einfließen zu lassen, die nur mit einer frei vereinbarten Beratung außerhalb hierarchischer Beziehungen kompatibel sind. Nur wenn dieser Unterschied allen Beteiligten klar ist und deutlich zwi-

Kontext und Kontrakt im Coaching

schen ihnen angesprochen wurde, kann der Rahmen klar abgesteckt werden, innerhalb dessen dann trotzdem, je nach Position und Situation der Beteiligten, ein bestimmtes Maß an Offenheit und Vertrauen, an Freiwilligkeit und Partnerschaftlichkeit möglich wird.

Die Führungskraft muß sich stets vergegenwärtigen, daß ihre Rolle beide Parameter zwischen Unterstützung/Förderung und sozialer Kontrolle umfaßt. Damit kann sie sich nicht, wie z. B. eine externe BeraterIn, auf eine reine Position der Neutralität und Unabhängigkeit stellen, sondern muß im Coaching dafür sorgen, daß diese nicht ganz einfach zu ziehende Grenze immer wieder thematisiert und definiert wird.

Zwischen Unterstützung und sozialer Kontrolle

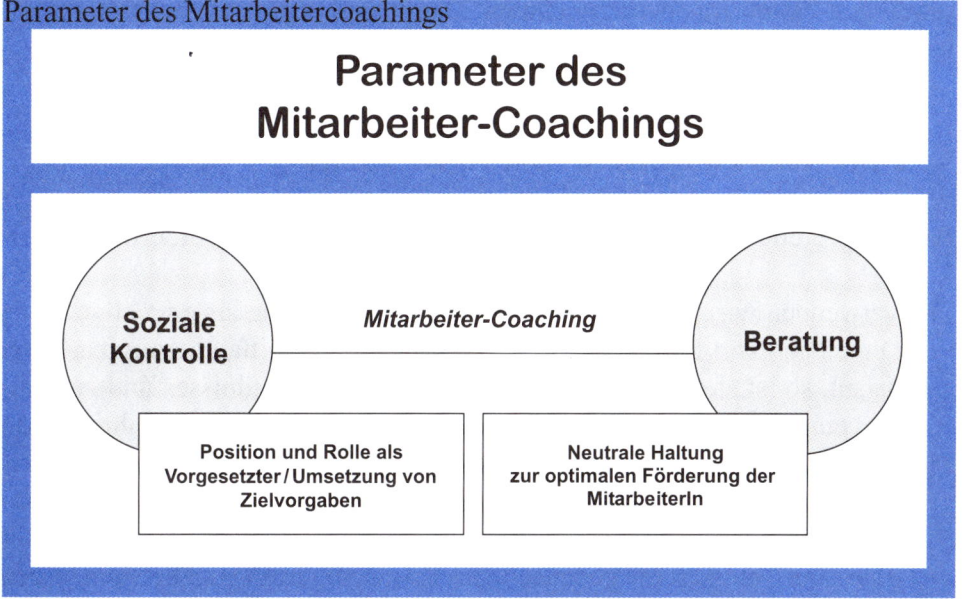

Abb. 51

Der abzusteckende Rahmen wird noch klarer, wenn wir unseren Blick auf den *speziellen* Kontext richten, der durch den konkreten Anlaß für das Coaching und durch die konkrete Beziehung zwischen mir und meinem Coaching-Partner bestimmt wird. So macht es z.B. einen wichtigen Unterschied:

Der spezielle Kontext

- ob es sich um die Einführung und Anleitung einer neuen Mitarbeiterin handelt, oder um die Motivierung, Stützung und Beratung eines bisher tüchtigen Mitarbeiters, der in einer persönlichen und/oder beruflichen Krise steckt;
- ob es um die Bildung und Zusammenführung eines neuen Teams oder um die Bearbeitung eines lähmenden Konfliktes in einem bereits bestehenden Team geht;
- ob eine neue Besprechung zur Koordinierung verschiedener Arbeitsbereiche eingeführt, oder ein seit längerem bestehender, aber nicht mehr funktionierender Arbeitskreis zu einer Reflexion und Verbesserung seiner Kommunikation und Kooperation bewegt werden soll.

Und so wird es für den gemeinsamen Coaching-Prozeß wesentlich sein

- ob die Initiative dazu von einer betroffenen MitarbeiterIn oder von mir als Führungskraft ausging und
- mit welchen Vorerfahrungen und Vorbehalten, Hoffnungen und Ängsten jeder von uns sich auf diesen gemeinsamen Prozeß einläßt.

Nur das Bewußtmachen und Einschätzen der gesamten Kontextvariablen ermöglicht dem Coach, die Beziehung so zu gestalten, daß sie Ergebnisse erbringen kann, die für Coach und Coachee und für ihre Organisation gleichermaßen befriedigend sind. Und damit dies geschehen kann, ist es nötig, diese Reflexion und Klärung des Kontextes soweit wie möglich gemeinsam mit den jeweiligen PartnerInnen vorzunehmen. Damit sind wir beim nächsten zentralen Punkt:

3.3.2 Der Kontrakt zwischen Coach und Coachee

An dieser Stelle erscheint nochmals eine Unterscheidung erforderlich:

„Coaching" als Dimension von Führung

- Verwenden wir „Coaching" in einem weiteren Sinne als eine allgemeine Dimension von Führung, wie wir sie gestern vormittag herausgearbeitet haben, so ist sie Teil des gesamten Führungsverständnisses und -verhaltens einer Führungskraft. Die Frage eines Kontraktes zwischen ihr und den von ihr geführten MitarbeiterInnen stellt sich dann vor allem bei der Übernahme einer neuen Führungsaufgabe. Eine Führungskraft, die sich in diesem Sinne auch als Coach versteht, wird mit ihren MitarbeiterInnen zu Beginn ihrer Tätigkeit die gegenseitigen Erwartungen ansprechen und klären und Spielregeln des Umgangs miteinander vereinbaren.

„Coaching" als spezielle, intensivere Kooperation

- Verstehen wir „Coaching" dagegen, wie hier, in einem engeren Sinne als eine spezielle, zeitlich begrenzte, intensivere Kooperation zwischen einer Führungskraft und einzelnen MitarbeiterInnen, so stellt sich die Frage nach einer besonderen Vereinbarung eines speziellen Kontraktes zwischen ihnen. Aus unserer Sicht ist ein solcher Kontrakt eine notwendige Voraussetzung und ein unverzichtbares Element für eine erfolgreiche Zusammenarbeit.

Seine wesentlichen Bestandteile sind:

1. Die gemeinsame Klärung des Kontextes

Die oben benannten allgemeinen und speziellen Kontextbedingungen sind anzusprechen und daraufhin zu befragen, welche Relevanz sie für die beabsichtigte Zusammenarbeit haben, inwieweit sie diese begrenzen und bestimmen. Hilfreiche Fragen des Coach können dabei sein:

Kontext und Kontrakt im Coaching

- Wie ist es für Sie, Ihr Anliegen mit Ihrem Vorgesetzten zu besprechen? Welche Fragen/Themen/Probleme gehören Ihrer Meinung nach hierher, welche nicht?
- Oder: Ich habe Sie zu mir gerufen, weil ... Ich möchte Ihnen meine Unterstützung bei der Lösung dieser Schwierigkeit anbieten. Wie könnte ich Ihnen Ihrer Meinung nach als Ihr Vorgesetzter dabei hilfreich sein?
- Was brauchen Sie von mir, um das Maß an Offenheit haben zu können, das Ihnen zur Behandlung Ihres Anliegens (bzw. zur Lösung der genannten Schwierigkeit) notwendig erscheint?
- Was meinen Sie, was unser gemeinsamer Vorgesetzter von uns erwartet, daß wir hier tun?
- Was meinen Sie, was würden Ihre KollegInnen denken, wenn sie erführen, daß wir hier zusammen sitzen?
- u.s.w.

Kontext-Fragen

2. Die Einigung auf gemeinsame Ziele

Coaching ist ein ausgesprochen zielorientiertes Verfahren. Wesentlicher Bestandteil des Kontraktes ist daher eine klare und überprüfbares Zielvereinbarung, als Grundlage und Maßstab für die weitere Zusammenarbeit. Hilfreiche Fragen könnten dabei sein:

Coaching ein zielorientiertes Verfahren, Zielvereinbarung

- Was wäre für Sie ein Erfolg unserer Zusammenarbeit? Oder besser: Stellen Sie sich vor, unsere Zusammenarbeit ist erfolgreich beendet. Woran werden Sie den Erfolg merken? Was ist dann anders?
- Was möchten Sie gerne verändern? Was möchten Sie in der Zeit unserer Zusammenarbeit für sich erreichen?

Weniger hilfreich erscheinen uns dagegen Fragen, wie:
- Was ist Ihr Problem? Was macht Ihnen Schwierigkeiten? Worüber sind Sie unzufrieden?

Die ersteren Fragen, die unmittelbar auf einen in der Zukunft liegenden besseren Zustand fokussieren und damit eine Lösung nahelegen, sind für ein Kontraktgespräch i.d.R. viel nützlicher, als problemzentrierte Fragen, die meist eher hemmen und entmutigen und die eigenen Energien und Fähigkeiten blockieren, Visionen von einer besseren Zukunft zu entwickeln und sein Handeln danach auszurichten. Mehr von diesem lösungsorientierten Vorgehen, das ein zentraler Bestandteil systemischer Beratung ist, dann morgen.

Lösungsorientierte vs. problemzentrierte Fragen

Die coachende Führungskraft kann aber nicht nur Fragen stellen, sondern muß auch ihre eigenen Erwartungen und Zielvorstellungen in das Gespräch einbringen. Hier ist wieder ein wesentlicher Unterschied zu Coaching als frei vereinbarter Beratung: Während vertraglich verpflichtete BeraterInnen i. d. Regel keine eigenen Ziele in Bezug auf Ihre KundInnen, auf die Veränderung ihres Verhaltens und die Entwicklung ihrer Fähigkeiten und Einstellungen haben sollten, ist die coachende Führungskraft gehalten, die Unternehmensziele und die Zielvorgaben des von ihr verantworteten Arbeitsbereiches stets im

Eigene Erwartungen und Zielvorstellungen der Führungskraft

Kontext und Kontrakt im Coaching

Auge zu haben und den Coaching-Prozeß daran zu orientieren. Auf diesem Hintergrund wird sie versuchen, mit ihrem Coaching-Partner eine tragfähige Übereinkunft zu treffen, in welcher die Erwartungen von Coach, Coachee und der Organisation, in der sie sich befinden, aufeinander abgestimmt werden. Dabei muß die coachende Führungskraft klar vermitteln, welche Anforderungen und Erwartungen an ihre PartnerIn sie aus ihrer Rolle und Perspektive heraus für vorgegeben und unverzichtbar hält, welche modifiziert werden können oder zur Disposition stehen. Nur diese Klarheit in der wechselseitigen Zielabklärung schafft die notwendige Vertrauensbasis für eine offene Kooperation.

In diesem Zusammenhang ist es auch wichtig, die gestern abend in unserer Abschlußübung herausgearbeiteten Ebenen der persönlichen Veränderung und Entwicklung abzusprechen. Ein Coaching durch Führungskräfte wird sich dabei in aller Regel auf die Ebene des Verhaltens und der Fähigkeiten konzentrieren und sich nicht anmaßen, die Ebenen der Identität und der Lebensgeschichte zu thematisieren und gezielt anzugehen.

3. Rollen- und Verhaltensabklärung

Kriterien für das beiderseitige Rollenverhalten

Aus der skizzierten Zielvereinbarung lassen sich Kriterien für das beiderseitige Rollenverhalten im Coaching-Prozeß ableiten. Fragen des Coach, die zur Klärung beitragen können, sind z.B.

- Was sind Sie bereit zu tun, um diese Ziele zu erreichen? Was können oder wollen Sie nicht tun?
- Was erwarten Sie von mir? Was sollte ich besser nicht tun?
- Was sollte hier, in unserer Zusammenarbeit auf keinen Fall passieren?

Auch zu diesen und ähnlichen Fragen ist ein Aushandelsprozeß aus den jeweiligen Funktionen und Positionen heraus erforderlich.

4. Vereinbarungen über die konkrete Form der Zusammenarbeit

Konkrete Fragen zur Zusammenarbeit

Wichtige Fragen hierzu sind vor allem:
- In welcher Form wollen wir miteinander arbeiten? (z.B.: Regelmäßige Besprechungen unter vier Augen? Gelegentliche Beobachtung bei der Arbeit mit anschließendem feed-back?).
- Was soll dabei konkret getan/besprochen werden?
- Was müssen wir dazu genau festlegen?
  Zeitpunkt?
  Ort?
  Dauer?
  Häufigkeit?
- Sollen andere Personen einbezogen werden? Wenn ja, wann und wie?
- Was übernimmt die MitarbeiterIn in dieser Zeit eigenständig? (z.B. Führung eines Tagebuches? Teilnahme an einer Fortbildung? etc.).
- Wie werden Ergebnisse gesichert?
- Wie wird der Erfolg bzw. die Zielerreichung im Prozeß kontrolliert?

Kontext und Kontrakt im Coaching

Diese und ähnliche Fragen sind in einem ausführlichen Kontraktgespräch zu klären und am besten schriftlich festzuhalten. Dieser Kontrakt bildet die Grundlage für eine laufende Ziel- und Prozeßkontrolle und für evtl. notwendig werdenden Kontraktänderungen. Er ist daher nicht nur zu Beginn der Zusammenarbeit, sondern während des gesamten Prozesses von Bedeutung und zwar in dreifacher Hinsicht:

Kontraktgespräch,

- ❒ Zum einen ist der Kontrakt im Laufe der Zusammenarbeit immer wieder zu überprüfen und ggf. zu ergänzen oder zu modifizieren, sei es, daß Ziele sich im Prozeß als nicht realisierbar erweisen oder sich durch äußere Umstände verändert haben, oder daß sich der Schwerpunkt der Zusammenarbeit aufgrund der miteinander gemachten Erfahrungen verlagert etc.
- ❒ Zum anderen ist es sinnvoll, für jeden Teilschritt des Gesamtprozesses, z.B. für jede Sitzung oder Besprechung, einen eigenen kleinen Kontrakt zu machen, in welchem der Kontext, die Ziele und das beiderseitige Rollenverhalten für das jeweils anstehende Thema/Anliegen geklärt werden.
- ❒ Und schließlich ist der Kontrakt die Grundlage für eine ausführliche Schlußauswertung.

Funktion des Kontraktes:

Überprüfung

Einzelkontrakte

Schlußauswertung

Die Kontraktgespräche laufen dabei natürlich nicht schematisch in der dargestellten Reihenfolge und mit den vorgeschlagenen Fragen ab, da die einzelnen Punkte sich gegenseitig bedingen und beeinflussen, wie das folgende Schema verdeutlichen soll:

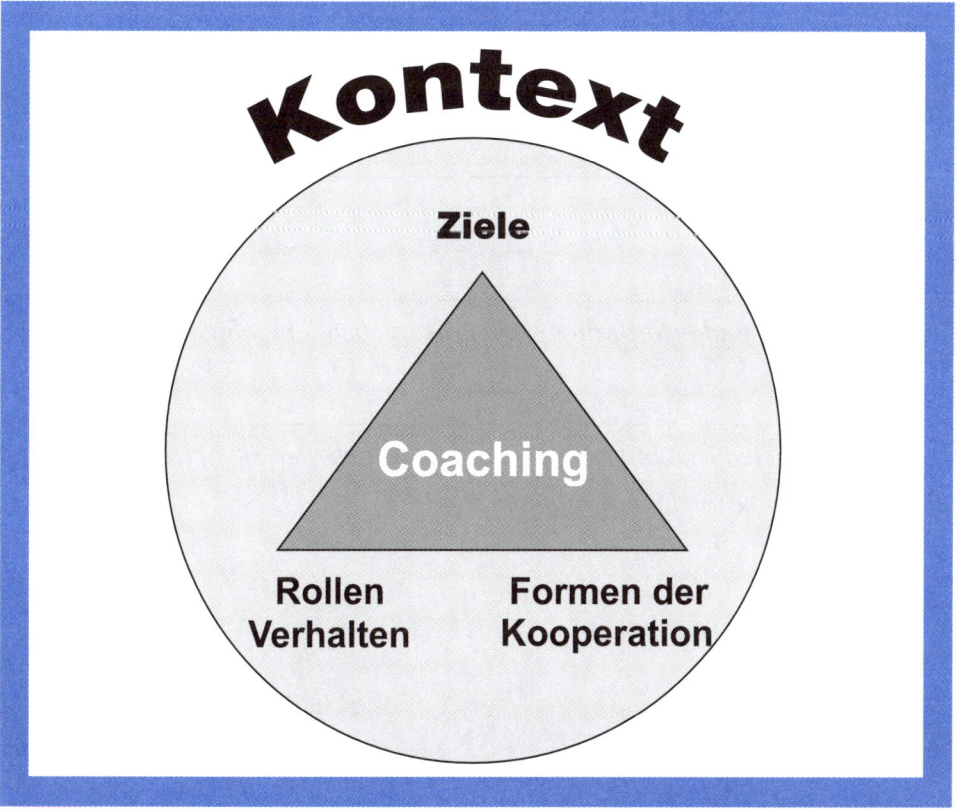

Abb. 52

Kontext und Kontrakt im Coaching

3.3.3 Die Welt ist, was der Fall ist oder wir üben an einem Fallbeispiel

Ausgangslage:
Sie als Führungskraft sind schon eine ganze Reihe von Jahren auf ihrer Position oder Sie haben vielleicht auch gerade erst vor knapp einem Jahr mit der Führungstätigkeit angefangen. Im ersten Fall beherrscht Routine, im anderen Fall vielleicht noch Unsicherheit Ihr Alltagsgeschäft. Egal wie, Sie haben sich vor genommen, vorhandene Kompetenzen und Stärken Ihrer MitarbeiterInnen stärker als bisher zu fördern. Dies hat gute Gründe. Die Anforderungen in Ihrer Firma/Institution haben sich geändert, es muß umgedacht, neu gelernt und neu entwickelt werden. Auch Sie haben von Ihren Vorgesetzten neue Zielvorgaben gesetzt bekommen, die Sie im Laufe einer bestimmten Frist umzusetzen haben. Sie sehen aber auch, daß einige Ihrer MitarbeiterInnen sich stärker entwickeln wollen als dies in den letzten Jahren möglich war. Heimlich haben Sie den Eindruck, daß ein Teil einer gewissen Motivationsschwäche, die sich in Ihrer Abteilung breitgemacht hat, auf eine quantitative Überbelastung (der Alltag wird häufig durch "trouble-shooting" bestimmt), aber auch auf eine inhaltlich-fachliche Unterforderung zurück zu führen ist.

Alle drei Aspekte werden Sie nun angehen:

Überlegen Sie sich bitte, was Sie in Ihrer Abteilung gerne ändern würden und leiten davon ein konkretes Ziel ab, welches Sie in einem Jahr erreicht haben wollen!

___

Woran würden Sie konkret merken, daß Sie es erreicht haben?

___

Was wäre anders?

___

Welche Schritte sind erforderlich, welche Aufgaben leiten Sie daraus ab?

___

Überlegen Sie sich jetzt bitte, welchen Ihrer Mitarbeiter Sie für dieses Ziel und diese Aufgaben besonders geeignet halten!

Kontext und Kontrakt im Coaching

Die Mitarbeiter – Ist-Analyse

Stärken in Bezug auf das Zielvorhaben	Entwicklungsbedarf in Bezug auf das Zielvorhaben
☐ ... ☐ ... ☐ ... ☐ ... ☐ ... ☐	☐ ... ☐ ... ☐ ... ☐ ... ☐ ... ☐

Abb. 53

Überlegen Sie sich jetzt bitte, welche Entwicklungen Sie bei dem/r MitarbeiterIn, immer unter der Berücksichtigung Ihrer Zielvorhaben, anstoßen wollen. Überlegen Sie bitte, welche Coachingfelder sich daraus ergeben.

Welche Entwicklungsmöglichkeiten ergeben sich im Coaching – Prozeß?

_____

_____

Welche sonstigen Maßnahmen sollten Sie in die Wege leiten, um den Entwicklungsprozeß zu fördern?

_____

_____

Welche Rahmenbedingungen müssen Sie gewährleisten, um den Entwicklungsprozeß optimal zu gestalten?

_____

_____

Bereiten Sie nun bitte das konkrete Gespräch mit dem/der MitarbeiterIn vor. Ein Leitfaden hierfür könnte wie folgt aussehen:

Leitfaden für das Kontraktgespräch

1. **Beschreibung der allgemeinen Ausgangssituation/Kontextualisieren des Gesprächs**
   - ❒ Zielvorgaben der Geschäftsführung,
   - ❒ Rahmen- und Spielräume der Abteilung,
   - ❒ Entwicklungsbedarf in der Abteilung aus Ihrer Sicht,
   - ❒ Ihre Ziele, die sich daraus ergeben,
   - ❒ welche Probleme sich aus Ihrer Sicht bei der Umsetzung daraus ergeben,
   - ❒ Erläuterung der Lösungsnotwendigkeiten.

2. **Sichtweise des/r MitarbeiterIn zu Punkt 1**
   - ❒ Wie sieht er/sie das bisher erläuterte Anliegen?
   - ❒ Welche Erklärungen und Beurteilungen hat er/sie für die einzelnen Aspekte?
   - ❒ Welche Konsequenzen würden sich aus seiner/ihrer Sicht daraus ergeben?

3. **Erläuterung des konkreten Anliegens an den/die MitarbeiterIn**
   - ❒ Zielsetzung des Gesprächs in bezug auf den/die MitarbeiterIn,
   - ❒ Feed-back zum Entwicklungsstand und Definition des Entwicklungsbedarfes von Ihrer Seite aus,
   - ❒ Formulierung Ihrer Entwicklungsziele an den/die MitarbeiterIn.

4. **Sichtweise des/r Mitarbeiter**
   - ❒ Eigene Beurteilung des aktuellen Entwicklungsstandes,
   - ❒ Eigene Entwicklungsziele,
   - ❒ Feed-back zum Feed-back.

5. **Kontrakt**
   - ❒ Gemeinsame Zielbestimmung:
     - ➢ Wie würden Sie Erfolgspunkte eines gemeinsamen Coaching beschreiben?
     - ➢ Wie müßten wir uns verhalten um diese zu erreichen?
     - ➢ Wie wird sich der jeweils andere verhalten, wenn der Erfolg sich eingestellt hat?
     - ➢ Wenn wir in Sieben-Meilen-Stiefeln den Erfolg erreicht hätten, wer hätte welche sieben Schritte getan?

   - ❒ Klärungen zur Rolle des Coach:
     - ➢ Was brauchen Sie von mir als Vorgesetztem, damit ich Ihnen ein hilfreicher Coach sein kann?
     - ➢ Angenommen, wir kommen in einem Punkt nicht zu einer Übereinstimmung, was wäre für Sie eine adäquate Lösung, daß wir auch zukünftig an Ihrem Entwicklungsbedarf arbeiten können?

Kontext und Kontrakt im Coaching

> ➢ Angenommen, wir haben einen Konflikt, was wären im Sinne unserer Zielvereinbarungen mögliche Umgangsformen damit?
> ❐ Fragen zur Kooperation
>   ➢ Was können wir wechselseitig für eine gute Kooperation tun?
>   ➢ Welcher Vereinbarungen bedarf es hierfür? (siehe auch oben)

Abb. 54

Halten Sie bitte die Vereinbarungen in folgendem, Coaching – Kontrakt fest:

Coaching – Kontrakt	
MitarbeiterIn	**Coach**
Ziele: ❐ ... ❐ ... ❐ ... ❐ ...	**Ziele:** ❐ ... ❐ ... ❐ ... ❐ ...
Entwicklungsschritte: 1. Schritt 2. Schritt 3. Schritt 4. Schritt 5. Schritt 6. Schritt 7. Schritt	Unterstützungsangebote und Rahmenbedingungen: Zu 1: Zu 2: Zu 3: Zu 4: Zu 5: Zu 6: Zu 7:
Vereinbarungen zur Vorgehensweise und Kooperation im Coaching-Prozeß:	
Vereinbarungen zu Formalien und Rahmenbedingungen:	

Abb. 55

3. TAG

NACHMITTAG:

3.4 DIE EXTERNE BERATERIN ALS COACH DES COACH

3.4.1 Der Kontext und seine Klärung

Leitungssupervision und Coaching

Daß Führungskräfte Beratung und Unterstützung bei ihren immer vielfältiger und komplexer werdenden Anforderungen suchen und erhalten, ist – wie wir gestern gesehen haben – in der Industrie schon länger als „Coaching" anerkannt. Aber auch im öffentlichen Dienst und in nicht-staatlichen Non-Profit-Organisationen wird dies allmählich immer üblicher, gleichgültig ob es als „Leitungssupervision" oder in letzter Zeit häufiger ebenfalls als „Coaching" deklariert wird. Form und Kontext einer solchen Beratung sind dabei recht vielfältig und unterschiedlich:

Unterschiedliche Kontexte

- Von einer frei vereinbarten Beziehung zwischen einer Führungskraft und einer externen BeraterIn, die von der Führungskraft aus eigenen Mitteln bezahlt wird, über die sie frei verfügen kann, und bei der keinerlei bindende Vorgaben von dritter Seite bestehen;
- über eine Beziehung, die aus Mitteln ihrer Organisation bezahlt wird, und die im Dreieck zwischen BeraterIn, Führungskraft und einer vorgesetzten VertreterIn der Organisation angesiedelt ist, und der mehr oder minder klar formulierte Erwartungen von Seiten der letzteren zugrunde liegen;
- bis zu einer von Vorgesetzten der Führungskraft geforderten und evtl. sogar selbst ausgesuchten Beratung, verbunden mit der klaren Vorgabe, daß der Erfolg dieser Beratung über die weitere Karriere der Führungskraft und/oder ihren Verbleib im Unternehmen entscheidet.

Organisationsinterne BeraterIn

- Hinzu kommt bei diesen verschiedenen Spielarten noch die Variante einer organisationsinternen BeraterIn ohne Vorgesetztenfunktion (meist einer MitarbeiterIn einer Stabstelle für Personalfragen, Personalentwicklung, Fachberatung o.ä.) und mit mehr oder minder strengen Vorgaben von Seiten der Organisation.

D.h. beim Coaching von Führungskräften ist zwar meistens, im Unterschied zum Mitarbeiter-Coaching, die direkte Vorgesetztenfunktion der BeraterIn ausgeschlossen, das andere Extrem einer völlig freien Vereinbarung zwischen BeraterIn und Ratsuchendem ist jedoch eine eher seltene, vor allem TOP-Managern vorbehaltene Form, während bei unteren und mittleren Führungskräften eher eine stärker an den Organisationszielen orientierte Beratung üblich ist. Anhand eines Fallbeispieles wollen wir Ihnen die Kontextualisierung eines solchen Coachings vor Augen führen.

Die externe BeraterIn als Coach des Coach

Wie wir ja alle mittlerweile wissen, findet jedwedes Handeln in einem bestimmten Kontext statt, der für das jeweilige Individuum relevant ist. Von *Bateson* (1985) wissen wir, daß wir dieses individuelle Verhalten nicht verstehen können, ohne den Kontext, in dem es stattfindet, mit einzubeziehen. Dies gilt, ausgehend von dem hier zu Grunde liegenden Denken, für das Verhalten einer SchülerIn im Klassenzimmer, für das eines buddhistischen Mönchs bei seiner Morgenmeditation genauso, wie für das eines Bereichsleiters eines mittelständischen Betriebes, die ChefärztIn einer privaten Klinik oder die externe BeraterIn bei ihrer dritten Coachingsitzung.

Der Erfolg eines Coaching-Prozesses ist abhängig von den Kontextfaktoren

Nehmen wir als Beispiel eine große Behörde: Frau Mehring ist freiberufliche Beraterin und erstmals zu einem Vorgespräch für ein Coaching für eine AbteilungsleiterIn eingeladen. Welches wären in diesem Fall zu beachtende Kontextfaktoren:

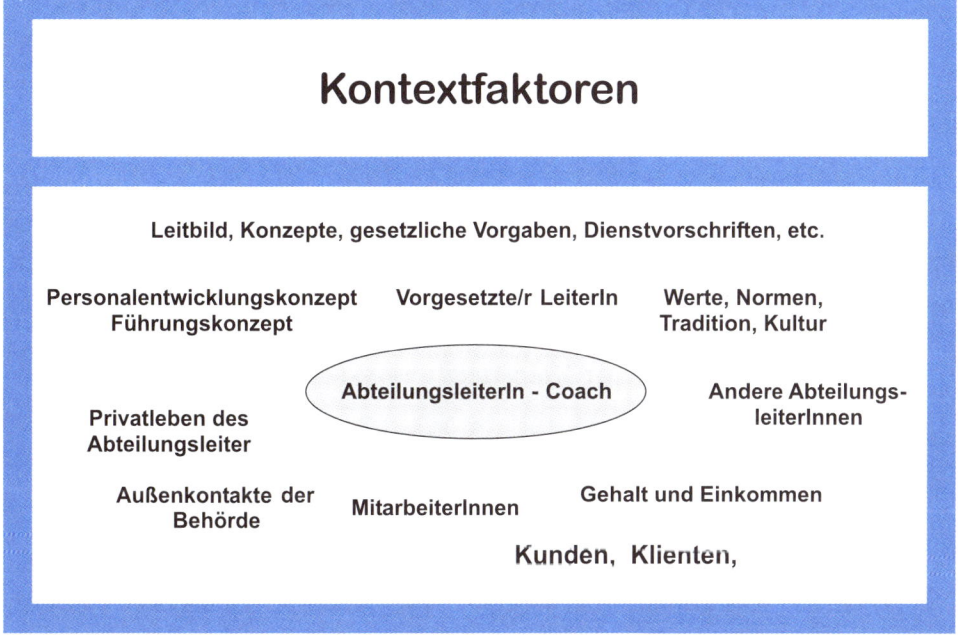

Abb. 56

Die externe BeraterIn als Coach des Coach

Kontextklärung heißt in diesem Fall:

für die AbteilungsleiterIn:

als Coachee: ihr eigenes Verhalten und ...
- ❐ zu reflektieren, wie weit ihr aktuelles Verhalten von diesen Faktoren bestimmt ist, und wie weit ihr Verhalten diesen Kontext mitgestaltet;
- ❐ darüber nach- bzw. (vor)zudenken, welches andere Verhalten ihrerseits zu anderen Wirkungen und damit zu anderen Verhaltensweisen im Kontext führen, die größere Übereinstimmung mit den Zielvorgaben aufweisen;

den Kontext reflektieren
- ❐ darüber zu reflektieren, wie sich das Coaching selber in den Kontext einpaßt, z.B. in welchem Zusammenhang es mit den Zielen der Organisation oder den Erwartungen anderer Personen steht, und ob diesen Erwartungen ensprochen werden soll/kann oder nicht.

für den Coach:

Als Coach: sich kundig machen auf fremdem Terrain
- ❐ vor allem ein sich kundig machen auf fremdem Terrain, sich einen ersten Eindruck zu verschaffen über bestehende Wirkungszusammenhänge und -verläufe, über die Unterschiedlichkeit der Sichtweisen und wie in dieses „Gestrüpp" gangbare Wege gebrochen werden können.

Katalog von möglichen Kontext-Fragen
Für diese Positionsbestimmung, für dieses „Ausleuchten" und „Gangbarmachen" haben wir eine Reihe von Fragen zusammengestellt, die sich in der Praxis bewährt haben:

Kontext-Fragen zur Dienstleistung, zu den KundInnen:

- ❐ Welches sind die wesentlichen Kundengruppen der Organisation?
- ❐ Was sind die wesentlichen Merkmale der Beziehungen zu diesen unterschiedlichen Kundengruppen?
- ❐ Welche hauptsächlichen Dienstleistungen werden angeboten?
- ❐ Sind die KundInnen überwiegend systeminterne oder systemexterne KundInnen?
- ❐ Wie werden diese Dienstleistungen angenommen?
- ❐ Wenn man eine Kundenbefragung durchführen würde, was wären die zentralen Ergebnisse?
- ❐ Was wäre wenn es die Organisation nicht gäbe?
- ❐ Wie würden die KundInnen reagieren?
- ❐ Welches sind die drei häufigsten Kundenbeschwerden?
- ❐ Welches wären die drei wirksamsten Verbesserungsvorschläge?
- ❐ Welche Entwicklungen in Bezug auf die KundInnen sind zu erwarten?
- ❐ Mit welchen Konzepten sollte reagiert werden?

Abb. 57

Die externe BeraterIn als Coach des Coach

Kontext-Fragen zu den Außenwelt-Beziehungen

- Mit welchen anderen Systemen ist die Organisation dauerhaft verkoppelt?
- Wer erhält eher eine Dienstleistung, wer erbringt eher eine Dienstleistung?
- Auf einer Skala 1-10: welche der Aussensysteme bekommt besonders hohe Noten für gute Kooperation?
- Welche Merkmale zeichnen die Beziehungen zur Außenwelt in besonderm Maße aus?
- Welches Image hat die Organiation in der Öffentlichkeit?
- Welche Rolle spielt die Organisation in der Öffentlichkeit?
- Werden die Außenbeziehungen aktiv gestaltet?

Abb. 58

Kontext-Fragen zur Inneren Kultur

- Welcher „Philosophie" folgt das System?
- Ist diese explizt, z.B. in einem Leitbild, formuliert?
- Wie wurde das Leitbild entwickelt?
- Welche Führungs- und Zusammenarbeitsleitsätze hat das System?
- Welche formellen/ informellen Normen, Standards und Regeln gibt es in dem System?
- Welche Tabus gibt es?
- Welche Witze und Geschichten erzählt man sich?
- Welche (r) Name (n) fällt in diesen Geschichten am häufigsten?
- Welche kulturellen Veranstaltungen gibt es?
- Welches Logo, corporate design-identity symbolisiert die Organisation?
- Wie hoch ist der Indentifikationsgrad der MitarbeiterInnen mit der Organisation (auf einer Skala 1-10)?
- Welches sind wichtige und prägende Traditionen, Mythen, Rituale in der Organisation?

Abb. 59

Kontext-Fragen zu den Tätigkeitsbereichen

- Welches sind die Haupttätigkeitsbereiche?
- Wie hoch ist die Zufriedenheit mit diesen Tätigkeiten?
- Wie hoch ist die Qualifizierung für diese Tätigkeitsbereiche?
- Wie sehen die konkreten Arbetsplätze aus?
- Wie sind die Mitarbeiter gut in der Lage, diese Tätigkeiten zu ihrer und zur Zufriedenheit anderer auszuführen? (Ausstattung, Zeit?)
- Gibt es Arbeitsplatzbeschreibungen?

- Gibt es ein Zeiterfassungssystem?
- Wie hoch ist die Verweildauer am Arbeitsplatz?
- Wie hoch ist die Krankenstandsrate?
- Wie verteilt sich diese auf Personengruppen, mit welchen Krankheitsbildern?
- Wer ist in der Personalvertretung?
- Wie hoch ist die Führungsspanne?
- Wie sehen "typische" Karrieren in der Organisation aus?
- Welche Personen machen Karriere, welche nicht, was muß man so oder so tun?
- Welches Ansehen hat welche Abteilung?
- Welches die Ihrer?
- Haben Sie dafür eine Erklärung?

Abb. 60

Kontext-Fragen zur Führung

- Wieviel Hierarchiestufen gibt es?
- Besteht ein abgestimmtes Führungskonzept?
- Nach welchem Stil wird geführt?
- Wie hoch ist auf einer Skala von 1-10 die Zufriedenheit des Leitungspersonals mit dem Management der Organisation?
- Wie hoch ist auf einer Skala von 1-10 die Zufriedenheit der MitarbeiterInnen mit dem Management der Organisation?
- Welche Personalpolitik wird betrieben?
- Gibt es spezielle Privilegien? Welche?
- Wie sind Arbeitszeiten, Arbeitsräume, Austattung für Führungspersonal gestaltet?

Abb. 61

Kontext-Fragen zu denMitarbeiterInnen

- Welche Gruppe hat formell/informell besonderen Einfluß?
- Welche Gruppe wird besonders geachtet, welche besonders abgelehnt?
- Was unterscheidet die "guten" von den "schlechten" MitarbeiterInnen?
- Mit welchen MitarbeiterInnen sind Sie befreundet?
- Mit wem steiten Sie am liebsten?
- Welche MitarbeiterInnen genießen besondere Privilegien?
- Wie verteilt sich der Motivationsgrad unter der Mitarbeiterschaft?
- Was sind die Hauptmotive für Leistung?
- Wie ist die Einarbeitungszeit gestaltet? Gibt es dafür ein Konzept?
- Welche MitarbeiterInnen gehen?

Abb. 62

Die externe BeraterIn als Coach des Coach

Kontext-Fragen zur Besprechungs- und Entscheidungskultur

- Welche formellen/informellen Zusammenkünfte und Besprechungen gibt es?
- Welche Funktionen, Entscheidungsbefugnisse und Bedeutungen haben diese im einzelnen?
- Wer nimmt an den Besprechungen teil, wer nicht?
- Wie häufig finden sie statt?
- Wie sieht ein „typischer" Verlauf einer Besprechung aus?
- Wie würden sie das Klima beschreiben?
- Was entgeht einem, wenn man dreimal fehlt?
- Welches sind die wichtigsten Informations- und Entscheidungsebenen?
- Wie würden Sie das Entscheidungsklima, die Entscheidungsfreudigkeit beschreiben?
- Gibt es Meinungsmacher?
- Wie kommt Ihre Organisation zu Entscheidungen?
- Wie geht Ihre Organisation mit abweichenden Ansichten um?
- Werden Entscheidungen überwiegend mitgetragen oder nicht?
- Auf einer Skala 1–10: wie hoch schätzen Sie die Verbindlichkeit von Entscheidungen ein?
- Haben Sie dafür eine Erklärung?

Abb. 63

Kontext-Fragen zu Wechselwirkungen und Mustern

- Wie beschreiben Sie typische Beziehungsmuster zwischen einzelnen Abteilungen, Gruppen, Berufsgruppen etc.?
- Sind diese Muster konflikthaft?
- Gibt es dafür Erklärungen? Wer hat welche?
- Was sind bevorzugte informelle und formelle Themen und Gesprächszyklen?
- Welche Beziehungsmuster halten Sie im Sinne Ihrer Zielsetzungen für besonders erhaltenswert, welche als besonders veränderungswürdig?

Abb. 64

Dieser Katalog von möglichen Kontextfragen ist natürlich weder vollständig, noch hat er die Absicht aufzufordern, sich in jedem Fall in diesem Umfang kundig zu machen. Vielmehr soll er als Anregung gesehen werden, die Aspekte zu beleuchten, die im Sinne der jeweiligen Zielsetzung, bzw. des Coachingauftrags hilfreich sind.

Die externe BeraterIn als Coach des Coach

Fallbeispiel Anhand unseres kleinen Fallbeispiels könnte dies folgendermaßen aussehen:

> „Guten Morgen, Frau Mehring, schön, daß Sie so schnell Zeit hatten für unser erstes Gespräch, eigentlich hatte ich gar nicht damit gerechnet."
>
> „Ja, das war wirklich ein bißchen Glück, aber wenn es mir möglich ist, freut es mich, auf so aktuelle Anfragen auch prompt reagieren zu können. Was ist denn Ihr Anliegen?"
>
> „Na, einige Aspekte hatte ich Ihnen ja schon am Telefon erläutert, und ich habe Ihnen ja auch schon unser Organigramm zugefaxt. Aus dem können Sie ja in etwa die Einbindung meiner Abteilung ersehen. Als Leiterin des Personalwesens bin ich natürlich für viele Aufgaben zuständig, die quer durch unsere Organisation gehen."
>
> „Ja, vielen Dank für Ihr Fax! Ich habe mir daraus und aus dem, was Sie mir mündlich bereits berichtet haben, schon einige Gedanken gemacht. Aber wie Sie sich denken können, habe ich noch mehr Fragen als Antworten. Vor allem würde ich von Ihnen gerne noch einmal Ihr aktuelles Anliegen für ein eventuelles Coaching hören."
>
> „Also, seit einem Jahr bin ich mit der Aufgabe der Qualitätsbeauftragten befaßt. Es hat schon eine ganze Reihe von Maßnahmen und Veranstaltungen zu diesem Thema gegeben, die von mir initiiert und durchgeführt wurden. Das Thema ist mittlerweile auch halbwegs akzeptiert – anfänglich hat es eine ganze Reihe von erheblichen Widerständen gegeben, – trotzdem habe ich den Eindruck, das Ganze stagniert irgendwie."

Zwei Vorgehensweisen An dieser Stelle wären nun zwei Vorgehensweisen möglich:

Den Auftrag weiter klären
- ❑ Entweder der Coach versucht zunächst einmal, den Auftrag weiter zu klären. Dann kämen jetzt Fragen nach der Zielsetzung für die Beratung wie z.B. „Ich schließe aus dem, was Sie sagen, daß es Ihnen wichtig wäre, in Sachen Qualitätsmanagement wieder mehr Bewegung rein zu bekommen. Wie können wir dies durch ein Coaching bewirken? Was brauchen Sie von mir dabei?" Oder es wäre auch lösungsorientiert möglich (siehe 4. Tag) nach Kriterien zu fragen, die "Bewegung" beobachtbar machen.

Sich über den Kontext weiter kundig machen...
- ❑ Die zweite Möglichkeit ist, daß der Coach sich zunächst über den Kontext weiter kundig macht. Dann wären Fragen zum
  - ➤ Verlauf des letzten Jahres, wo Sie einiges bereits in Bewegung gebracht haben (Veranstaltungen etc.),
  - ➤ oder zu Ihren internen Auftraggebern, die Ihnen den Posten der Qualitätsbeauftragten übertragen haben,
  - ➤ oder zu den Zielen der Qualitätsarbeit, den anfänglichen Widerständen und den dazu gehörigen Personen(-gruppen),
  - ➤ oder nach Befürwortern und Gegnern von Qualitätsmanagement,
  - ➤ oder nach den Ereignissen, die den Prozeß ins Stocken gebracht haben,

nützlich.

Die externe BeraterIn als Coach des Coach

An dieser Stelle läßt sich auch gut deutlich machen, wie eng vor allem am Anfang die Kontraktarbeit mit der Kontextklärung verbunden ist. Es kommt sehr auf die innere Beratungslandkarte der BeraterIn an, auf was sie fokussiert und für welchen Weg sie sich aus welchem Grunde dann entscheidet. In unserem Falle entscheidet sich Frau Mehring dafür, noch etwas mehr Licht in den Kontext zu bringen und dies aus drei Gründen:

Kontraktarbeit und Kontextklärung

1. Sie möchte die Kundin an den bereits positiv gestarteten Prozeß erinnern und vor allem an deren Einsatz und Aktivitäten dabei,
2. Es werden vielleicht Aspekte deutlich, die bei Start des Prozesses nicht berücksichtigt wurden und nun nicht genügend integriert werden können
3. Und die Informationen lassen spätere Vergleiche zu, die Auskunft darüber geben was in den "Bewegungsphasen" anders ist als in den „Stagnationsphasen".

Also, unsere BeraterIn fragt:

„Wenn Sie sagen „stagniert irgendwie", könnte man ja daraus schließen, daß da auch mal Bewegung drin war, für die Sie mit Ihren Maßnahmen und Veranstaltlungen eine ganze Menge getan haben, oder?"
„Naja, da haben Sie schon recht, aber ich frage mich, hat sich eigentlich der ganze Aufwand und die Energie, die ich da rein gesteckt habe gelohnt?"
„Und wie bewantworten Sie sich die Frage?"
Etwas nachdenklich : „Teils, teils."
„Wie würden Sie denn den Teil beschreiben, für den sich aus ihrer Sicht heraus Aufwand und Energie gelohnt haben?"
„Naja, es hat schon ein gewisses Umdenken stattgefunden, Beschwerden von Kunden wurden ernster genommen, die Präsenz an den Telefonen hat deutlich zugenommen. Am Anfang war wirklich eine Stimmung ‚wir alle wollen es besser machen'. Und einiges ist auch besser geworden, aber die Stimmung hat sich auch ein wenig als Strohfeuer erwiesen."
„War die Stimmung ‚wir alle wollen es besser machen' wirklich bei allen gleich da, oder gab es Unterschiede?"
„Eigentlich nicht, außer vielleicht zwischenden Mitarbeitern des Außendienstes und denen des Innendienstes. Da gibt es schon einen langen Konflikt, bei dem beide Parteien der jeweils anderen die Ursache für Fehler zuschieben."
„Ich nehme mal an, jede dieser Abteilungen hat eine/n AbteilungsleiterIn, wie sehen denn die das?"
„Genauso!"
„Ich nehme mal weiter an, daß beide Abteilungsleiter einen Vorgesetzten haben, wie sieht denn der das?"
„Der hält sich da ziemlich raus, nur wenn es hier intern zu viel Ärger gibt, dann bekommt der Außendienstleiter eine aufs Dach und bekommt den Auftrag, daß er gefälligst schauen soll, wie er seinen chaotischen Haufen in den Griff bekommt."

Resümee

An dieser Stelle macht sich Frau Mehring verschiedene Gedanken und resümiert erstmal das Gehörte. Sie weiß jetzt folgendes:

1. Eine Organisation entschließt sich, ein Qualitätsmanagementsystem einzurichten. Dies bedeutet, ein System zu installieren, das nachweislich dokumentiert, wie eine Organisation mit ihrem eigenen Verbesserungsprozeß umgeht.
2. Es wird eine Beauftragte benannt.
3. Der Prozeß kommt zunächst in Gang, dann aber ins Stocken.
4. Zwei Abteilungen haben einen Konflikt, bei dem es um Schuldzuschreibungen für vermeintliche Fehler geht.
5. Es gibt einen Vorgesetzten, der sich raus hält, außer der Konflikt erreicht ein bestimmtes Niveau, dann muß ein Abteilungsleiter dafür sorgen, seine Leute in den "Griff" zu kriegen.
6. Dies ist alles nichts weiter als die Beschreibung aus einer Perspektive.

Auftragsklärung

Sie entschließt sich nun, obwohl es noch eine ganze Reihe interessanter Kontextfragen zu stellen gäbe, (z. B. wäre jetzt interessant, aus welchem Grund sich die Organisation entschlossen hat, ein Qualitätsmanagement kurz: QM einzuführen), zunächst einmal den Auftrag zu klären. Sie verspricht sich davon, das inzwischen entstandene Maß an Komplexität, (es gibt jetzt, je nachdem, welche Hypothese man verfolgt, eine ganze Reihe von plausiblen Möglichkeiten), auf der bis jetzt entstandenen Landkarte zu bearbeiten. Ein klarer Kontrakt hilft jetzt, eine gemeinsame Route zu vereinbaren und läßt auf beiden Seiten Orientierung entstehen.

3.4.2 Der Kontrakt

An unserem Beispiel läßt sich gut nachvollziehen, wie entscheidend es für den weiteren Verlauf des Coaching ist, die unterschiedlichen Kontexte und Ausgangssituationen bei der Kontraktformulierung entsprechend zu berücksichtigen:

Doppelkontrakte externer BeraterInnen

❐ Externe BeraterInnen haben meist doppelte Kontrakte – mit ihrem Coaching-Partner einerseits und einem Vertreter des Unternehmens andererseits – auszuhandeln und beide Kontrakte aufeinander zu beziehen. So stellt sich in unserem Fall sicher irgend wann die Frage, welchen Beitrag Frau Mehring aus Sicht der Organisation durch ihre Tätigkeit als Coach zum Gelingen des QM-Prozesses leisten soll. Dazu ist es dann wichtig zu klären, von wem ihre potentielle Kundin ihren Auftrag erhalten hat und wie dieser genau lautet. Wenn die Auftraggeber des QM-Prozesses sich bei der Gestaltung eines gemeinsamen Coaching-Kontraktes beteiligen lassen, würde dies wahrscheinlich einen erheblichen Beitrag zur Orientierung für alle Beteiligten bedeuten.

Die externe BeraterIn als Coach des Coach

❐ Aber auch interne BeraterInnen werden in ähnlicher Weise die Ziele und die Form der Zusammenarbeit nach beiden Seiten abklären müssen. Wobei es gerade hier für die BeraterIn besonders wichtig ist, ihre Doppelrolle als Coach und als Angestellte der Organisation sich selbst und ihren PartnerInnen transparent zu machen und die Grenzen und Spielräume der Zusammenarbeit klar zu definieren. So kann man ja auch die Rolle die unsere Abteilungsleiterin durch die neue Funktion der Qualitätsbeauftragten hat, als quasi interne BeraterInrolle, als Coaching-Auftrag betrachten. Dabei ist dann wieder zu fragen, zwischen wem dieser Kontrakt in welcher Form zustande kam.
  - ➤ Waren dabei die anderen Abteilungsleiter einbezogen?
  - ➤ Wurden unterschiedliche Ziele koordiniert?
  - ➤ Wurden Fragen zur Vertraulichkeit miteinander geklärt?
  - ➤ Wurden Regularien für entstehende Konflikte verabredet?
  - ➤ Wurden die unterschiedlichen Verantwortlichkeiten klar und transparent definiert?
  - ➤ Wurde definiert, welche Rolle die Qualitätsbeauftragte einnehmen soll?
  - ➤ Wurden eventuelle Unverträglichkeiten diskutiert, die sich aus den Rollen Abteilungsleitung Personalwesen und QM-Beauftragte ergeben können?

...und interne BeraterInnen

Beachtet man alle diese Aspekte, so scheint unser Fall doch eine ganze Menge herzugeben. Plötzlich sehen wir, daß es um zwei Kontraktebenen geht, und daß sich unser Coaching zu einem "Coach den Coach" entwickeln könnte. Aber das wissen wir alles noch nicht, und um nicht Gefahr zu laufen, uns in diesem Dickicht zu verstricken oder uns gar um Angelegenheiten zu kümmern, die uns nichts angehen, fragen wir noch einmal unsere Abteilungsleiterin, wie es weitergehen soll:

Zwei Kontraktebenen

„Jetzt habe ich ja schon eine ganze Menge an unterschiedlichen Eindrücken von Ihnen bekommen und habe auch schon eine ganze Reihe von verschiedenen Ideen im Kopf. Ich würde Sie jedoch zunächst noch einmal nach Ihrem genauen Anliegen für unseren Coachingprozeß fragen. Was wäre für Sie in dieser Situation eine nützliche Unterstützung, die durch unsere Kooperation zu erreichen wäre?"
„Na ja, zum einen hab ich gehört, daß Sie eine ganze Menge Ahnung von Qualitätsmanagement haben, und da wäre es gut für mich, einfach inhaltlich mit Ihnen hinzuschauen, ob ich irgendwas verkehrt gemacht oder übersehen habe."
„Und zum anderen?"
„Zum anderen wäre es, denke ich, schon auch gut, mal zu überlegen, welche Rolle ich eigentlich in dem Ganzen habe."
„Was könnte denn ein gutes Ergebnis unseres inhaltlichen Reflexionsprozesses sein?"
„Naja, es würde mich eben sehr erleichtern, wenn ich wüßte, daß es nicht nur auf mich zurückzuführen ist, daß der Prozeß jetzt stockt."

„Und woran würden Sie merken, daß Sie wieder eine klare Rolle in dem Ganzen haben?"

„Wenn ich mich nicht mehr um alles kümmern müßte, und wenn die Vereinbarungen auch von den anderen wieder eingehalten würden."

„Was wäre dann Ihre Rolle?"

„Ich hätte dann wieder eine klare Koordinationsfunktion."

„Wie würden Sie diese dann ausfüllen?"

„Naja, ich würde eben die unterschiedlichen Abteilungen bei der Umsetzung unterstützen und müßte mich nicht dauernd kümmern, daß sie die Vereinbarungen auch einhalten."

„Wer würde sich denn statt dessen dann um die Einhaltung von Verabredungen kümmern?"

„Ja, letztendlich mein Vorgesetzter, der sitzt ja an der Spitze. Aber auch natürlich die jeweiligen Abteilungsleiter, vor allem der aus dem Innendienst."

„Das ist der, von dem Sie auch den Auftrag zur Qualitätsbeauftragten bekommen haben?"

„Ja!"

„Was denken Sie, hat er denn für Vorstellungen, was hier bei unserem Coaching heraus kommen soll?"

„Ich habe ihm natürlich gesagt, daß ich Sie einlade, und er hatte nichts dagegen, wenn es den Prozeß weiterbringt und mir zur Entlastung dient."

„Wenn ich ihn fragen würde, woran er denn merken würde, daß der Prozeß weiter geht, was denken Sie würde er mir antworten?"

„Ach, ich glaube Ähnliches, wie ich Ihnen schon sagte, wenn Termine und Absprachen wieder eingehalten werden, aber auch wenn das Klima wieder besser wäre, und er nicht dauernd mit der Klärung von unnützen Auseinandersetzungen beschäftigt wäre."

„Und wenn ich Ihn fragen würde, was wäre, wenn er sich um die Einhaltung der Termine und Absprachen kümmern würde, welche Antwort würde ich dann erhalten?"

„Der würde dann wahrscheinlich sagen, daß er davon ausgeht, daß dies im Geschick der Qualitätsbeauftragten liegt, und er mir nicht ins Handwerk pfuschen möchte."

Kontraktgespräch zu Dritt

An dieser Stelle hält Frau Mehring inne. Keine leicht Aufgabe. Aber interessant zu beobachten. Sie denkt sich, um hier mit einem möglichen Coachingprozeß nicht in eine ähnliche Stagnationsfalle zu geraten, wie ihre Kundin, ist es fast unabdingbar, mit deren Vorgesetztem gemeinsam ein klärendes Kontraktgespräch zu führen. Ziel hierbei sollte sein:

1. den Auftrag an die Abteilungsleiterin nochmals zu reflektieren,
2. die Ziele für den QM-Prozeß zu klären,
3. die Rolle der QM-Beauftragten ggf. neu zu definieren,
4. die Ziele und Funktion eines Coachings zu vereinbaren und
5. ggf. über begleitende Schritte zu reflektieren, die für einen erfolgreichen Coachingverlauf notwendig sind.

„Ich habe den Eindruck, daß Ihre Organisation schon an ihrer Weiterentwicklung und Verbesserung interessiert ist, und auch Ihr Chef bereit ist, einiges dafür zu tun. Ich habe auch den Eindruck, daß Ihr Chef Ihre Autonomie respektiert. Aber ich meine auch, daß es zu Beginn des Prozesses nicht ganz geklärt wurde, wer genau für was zuständig ist und daß sich daraus im weiteren Verlauf eine ganze Reihe von Unklarheiten ergeben haben, die jetzt einer Weiterentwicklung im Wege stehen. Ich habe mich gefragt, wie wir es vermeiden können, mit unserem Coachingvorhaben in ein ähnliches Schicksal zu geraten und halte es für eine gute Idee, mit Ihrem Chef gemeinsam über die Ziele, Funktion, Möglichkeiten und Grenzen des Coaching nachzudenken und zu gemeinsamen Arbeitsabsprachen zu kommen. Wie geht es Ihnen mit dieser Idee?"

An diesem kurzen Fallbeispiel werden aus unserer Sicht eine ganze Reihe von zentralen Aspekten deutlich, die für den Verlauf eines Coachingprozesses, ganz entscheiden sein können.

Zentrale Aspekte eines Coaching-Prozesses

1. Bereits nach einer ersten Beratungssequenz hat es der Coach mit einer enormen Vielfalt von unterschiedlichen Aspekten zu tun, die natürlich mit dem Anliegen in einem Zusammenhang stehen, jedoch nicht zwangsläufig zu mehr Klärung führen.
2. Der Coach braucht natürlich Informationen über den Kontext, weil damit ja die Landkarte entsteht, auf der sich beide bewegen werden.
3. Er braucht aber auch einen klaren Auftrag, weil er sonst unter Umständen einen differenzierten Lageplan hat, aber der Kompaß, der die Richtung angeben soll, fehlt.
4. Coaching hat es immer mit unterschiedlichen Auftragslagen zu tun, die es unbedingt zu beachten gilt.
5. Dies läuft in der Regel immer auf ein Aushandeln zwischen Zielen der Organisation und Zielen von Personen hinaus.
6. Der externe Coach kann der Organisation einen sehr wichtigen und nützliche Beitrag leisten, in dem er genau auf eine präzise Grenzziehung zwischen Leitungs- und Coachingfunktion achtet.

Abb. 65

3.4.3 Abschlußübung

Abschlußübung

Auch zum Schluß des heutigen Tages möchten wir Ihnen, lieber Leser und liebe Leserin, eine kleine Übung vorschlagen:

> ➤ Überlegen Sie sich bitte wieder ein kleines Anliegen, ein Problem aus Ihrem Arbeitsalltag.
> ➤ Nehmen Sie sich ein Blatt Papier, einige Stifte und entwerfen sie eine Kontextlandkarte, in die Sie zunächst Ihr Anliegen einzeichnen, und sich anschließend nach und nach die einzelnen Faktoren hinzuholen, die aus Ihrer Sicht zum Verständnis wichtig sind.
> ➤ Wenn Sie damit fertig sind, überlegen Sie sich bitte günstige Entwicklungstendenzen, die vielleicht schon bereits vorhanden sind, und wählen sie dann die Kontextfaktoren aus, die zur Verstärkung dieser Tendenzen wichtig sind;
> ➤ Geben Sie sich nun eine inneren Auftrag für einen Beitrag, der die Entwicklung beschleunigt.

Wir wünschen Ihnen noch einen erholsamen Abend und freuen uns auf den morgigen Tag und die weitere Kooperation mit Ihnen.

Die Literaturhinweise finden Sie am Ende des 4. Tages

Systemische Strategien und Techniken

4. TAG

VORMITTAG: SYSTEMISCHE STRATEGIEN UND TECHNIKEN

Liebe Teilnehmerinnen und Teilnehmer.

Heute haben wir für Sie aus dem reichhaltigen Werkzeugkasten systemischer Strategien und Techniken – die ja ursprünglich in der Familientherapie entwickelt wurden, aber später auch in anderen Bereichen von Beratung Anwendung fanden – einige ausgesucht, die uns für Coaching – Prozesse besonders geeignet erscheinen.

Werkzeugkasten

Lassen Sie uns als erstes, bevor wir uns mit einer grundlegenden Strategie systemischen Handelns beschäftigen, Ihnen einen kurzen Überblick zum heutigen Tag geben. Wir möchten Sie anregen zum:

- Muster erkennen – Hypothesen bilden – Intervenieren
- Perspektiven wechseln
- Konflikte konstruktiv bearbeiten
- Positiv konnotieren und reframen
- Lösungen suchen und finden

4.1 Muster erkennen – Hypothesen bilden – Intervenieren

Am ersten Tag unseres Workshops hatten wir versucht, Ihnen aufzuzeigen, daß die Vielfalt an Beziehungen in einer Organisation unser geistiges Fassungsvermögen übersteigt und uns daher eine genaue Analyse und Diagnose ihrer Strukturen und Prozesse unmöglich macht, und daß die offene, nicht vorherbestimmte Dynamik des Systems und seiner Umwelt uns keine exakten Prognosen über seine Entwicklung erlaubt.

Am zweiten Tag haben wir Sie dann aber auf die menschliche Fähigkeit hingewiesen, Muster zu erkennen und auf die Möglichkeit, daraus Wahrscheinlichkeitsaussagen oder Hypothesen darüber abzuleiten, welche Beziehungsdynamik diesen Mustern zugrunde liegen könnte und welche Entwicklungen daraus hervorgehen könnten. Und wir haben Ihnen unter dem Schlagwort von „Versuch und Irrtum" ein Handlungsmodell skizziert, mit dem wir angemessen auf die Wirklichkeit hochkomplexer und entwicklungsoffener Systeme, in denen wir stehen, eingehen und wie wir sie wirksam mit gestalten können indem wir:

Handlungsmodell von „Versuch und Irrtum"

- aus unseren Anfangshypothesen plausible Handlungsstrategien ableiten und entsprechende Handlungsschritte planen,
- erste Handlungsschritte durchführen, d.h. in das System intervenieren,
- die Auswirkung unserer Intervention, d.h. das Feed-back des Systems genau beobachten,
- aufgrund dieser Reaktion unsere Hypothesen und die daraus abgeleiteten Handlungsstrategien überprüfen und gegebenenfalls korrigieren und ergänzen und
- daraus den nächsten Handlungsschritt konzipieren und durchführen u.s.w.

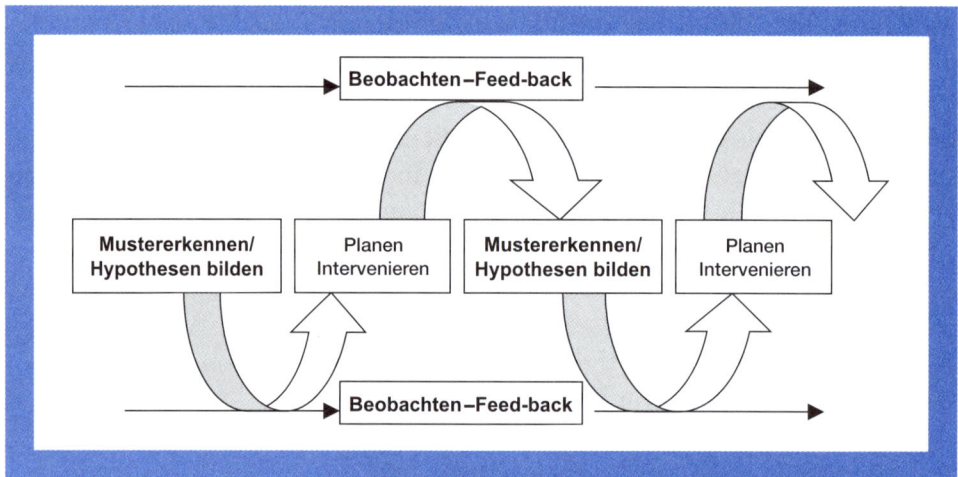

Abb. 66

dialektischer Prozeß

Auf diese Weise setzen wir einen spiralförmigen oder „dialektischen" Prozeß in Gang, bei dem wir uns aus einer wachsenden Einsicht in die dynamische Wirklichkeit eines Systems an dieses ankoppeln und anpassen und zugleich versuchen, es gezielt zu beeinflussen, indem wir möglichst hilfreiche Veränderungsprozesse anstoßen, fördern und begleiten.

Lassen Sie uns den Einstieg in ein solches Vorgehen, welches das strategische Grundkonzept systemischen Handelns darstellt, anhand konkreter Beispiele ausprobieren.

Nehmen wir folgende Ausgangssituation:

Fallbeispiel

Der Leiter einer Volkshochschule erzählt uns in einer Coaching-Sitzung von einer Besprechung mit seinem 4-köpfigen pädagogischen Team, die ihn sehr beschäftigt und will zu einer ausführlichen Schilderung ausholen. Statt ihn langatmig erzählen zu lassen, – wobei uns wahrscheinlich die Fülle an Informationen und die Komplexität der Situation bald überfordert und wir entweder nervös und ärgerlich werden oder abschalten und in Trance fallen – bitten wir ihn um Entschuldigung, daß wir ihn unterbrechen und fragen ihn, was für ihn ein gutes Ergebnis wäre, wenn wir diesen Fall gemeinsam bearbeiten. Nehmen wir an, er sagt uns: „Wenn ich klarer sehen könnte, was da im Team für

Systemische Strategien und Techniken

Spielchen untereinander und mit mir ablaufen und wenn ich wüßte, wie ich darauf reagieren soll." Aufgrund dieses recht klaren Auftrages bieten wir ihm eine Form an, um die Darstellung seines Falles möglichst anschaulich zu gestalten und zugleich zu bearbeiten.

Nehmen wir an, wir befinden uns mit ihm in einer größeren Teilnehmergruppe, in einem sog. „Gruppen-Coaching" (gleichgültig ob in einem direkten Arbeitskontext, z.B. einer Gruppe von Führungskräfte eines Unternehmens, oder im Rahmen einer Management- oder Coaching-Ausbildung). Dann können wir ihm gleich eine Aufstellung oder Skulptur vorschlagen.

„Gruppen-Coaching"

Dabei gehen wir folgendermaßen vor:

Aufstellung oder Skulptur

Regeln einer Aufstellung oder Skulptur

Der Fallgeber stellt die Personen im Raum so auf, wie er die emotionale Beziehung zwischen ihnen sieht, wobei er diese Beziehungen ausdrücken kann durch

- die Abstände zwischen den Personen,
- die Art, wie sie zueinander stehen (z.B. von Angesicht zu Angesicht oder Rücken an Rücken etc.),
- „oben" und „unten", um ein Machtgefälle zu verdeutlichen (z.B. durch Stehen, Sitzen, Knien, auf Stühle oder Tische stellen etc.),
- eine bestimmte Gestik (z.B. geballte Faust oder hingestreckte, offene Hand etc.).

Wir unterstützen ihn dabei, helfen ihm durch Fragen und Anregungen, die ihm passend erscheinende Darstellungsform zu finden.

Da unser Auftrag hier nicht darin besteht, ihn die Situation emotional nacherleben zu lassen, sondern Klarheit zu gewinnen und Handlungsoptionen zu erhalten, werden wir den Fallgeber nicht auffordern, selber seinen Platz in der Aufstellung einzunehmen, sondern schlagen ihm vor, ein Gruppenmitglied zu bitten, ihn zu vertreten.

Ist die Aufstellung fertig, bitten wir den Fallgeber, sich nacheinander hinter jeden Mitspieler zu stellen und in Ichform etwas über die Person zu sagen, wie sie ihre Aufgabe in der VHS und ihre Stellung im Team sieht etc. Wenn es uns sinnvoll erscheint, stellen wir ihm zusätzliche Fragen zu der jeweiligen Rolle (z.B. Was halten Sie vom Leiter? Was glauben Sie, hält er von Ihnen? Wie erleben Sie die Atmosphäre im Team? etc.).

Diese aus dem Psychodrama stammende Technik nennt sich „Eindoppeln". Am Schluß jedes Eindoppelns bitten wir den Fallgeber, seine Aussagen zur jeweiligen Person in einem Satz zu verdichten, der ihre Gedanken und Ge-

fühle zur gestellten Situation auf den Punkt bringt (z.B. „Am besten, ich halte mich hier raus", „Niemand nimmt mich hier ernst" etc.).

Wir achten darauf, ob der Kontext, in welchem der Fallgeber und mit ihm die gesamte Skulptur steht, für die Fragestellung, um die es ihm geht, genügend deutlich geworden ist, oder ob er noch durch zusätzliche optische Hilfen verdeutlicht werden sollte (z.B. durch eine Person, die den Vorsitzenden der VHS und Bürgermeister der Gemeinde darstellt, oder durch ein Telefon, das auf die ständigen Störungen der Teamsitzungen durch Anrufe hinweist), – allerdings nur, wenn diese Kontextbedingungen für die zu analysierende Teamsituation wesentlich erscheinen. (Hier stehen wir wieder vor dem grundsätzlichen Problem, Komplexität zu erhöhen oder zu reduzieren).

Anschließend fordern wir den Fallgeber auf, eine Position im Raum einzunehmen, die ihm eine gute Beobachtung ermöglicht. Und dann bitten wir die Mitspieler, ihre Sätze in der Reihenfolge, wie sie ihnen gegeben wurden, zu formulieren. Diesen Vorgang wiederholen wir ein oder zwei Mal und bitten dabei die Mitspieler, sich in Ausdruck und Tonfall von ihren augenblicklichen Gefühlen leiten zu lassen und gegebenenfalls auch ihre Haltung zu verändern. (Wird an dieser Stelle deutlich, daß die Massivität und Widersprüchlichkeit verschiedener Erwartungen ein Problem für den Fallgeber darstellt, kann es hilfreich sein, zum Schluß alle Mitspieler ihren Satz gleichzeitig und mehrmals hintereinander wiederholen zu lassen.).
Zum Abschluß der Skulptur bitten wir jeden Mitspieler um eine Rückmeldung aus seiner Befindlichkeit.

Abb. 67

Auswertung der Aufstellung/Hypothesenbildung

Brainstorming

Wir bitten nun die MitspielerInnen, noch stehen zu bleiben und fordern die TeilnehmerInnen, die nicht in der Skulptur mitgewirkt, sondern sie von außen beobachtet haben, auf, in einem offenen Brainstorming Hypothesen zu dem zu bilden, was sie gesehen haben. Den Fallgeber bitten wir, aufmerksam zuzuhören und sich die Hypothesen aufzuschreiben, die ihm besonders interessant erscheinen. Oder wir übernehmen es selbst, die Hypothesen auf Flip-Chart oder Wandzeitung festzuhalten. Bei diesen Hypothesen ist eine Unterscheidung zu machen zwischen:

Beschreibende oder diagnostische Hypothesen

❑ **beschreibenden oder diagnostischen Hypothesen** über mögliche Muster und die dahinter stehende Dynamik, wie z.B.
  ➢ immer wenn der Leiter Herrn A. kritisiert, versucht Frau B., ihn zu verteidigen.
  ➢ Je heftiger Herr A. und Herr C. sich streiten, desto mehr hält der Leiter sich zurück.

Systemische Strategien und Techniken

> Je massiver die Konflikte im Team ausgetragen werden, desto mehr verfällt der Leiter in Trance und scheint sich an ähnliche Situationen aus seiner Lebensgeschichte zu erinnern.

Und

- **zukunftsorientierten Hypothesen** über mögliche Veränderungen und deren Auswirkungen sowie daraus sich ergebenden Lösungsansätzen, wie z.B.
  > Je klarer der Leiter seine Erwartungen an jedes einzelne Teammitglied formuliert, desto weniger werden sie sich gegenseitig bekämpfen.
  > Wenn der Leiter seinen Ärger über die Teamsituation deutlich ausdrücken würde, könnte er eine offene Auseinandersetzung über die bisher verdeckten Beziehungsprobleme auslösen.

Zukunftsorientierte Hypothesen

In einer noch nicht so geübten Gruppe erscheint es besser, diagnostische und zukunftsorientierte Hypothesen in zwei getrennten Schritten zu sammeln. Später kann man sie auch „durcheinander" formulieren, um dem kreativen Prozeß der Ideenfindung freieren Lauf zu lassen.

Ziel des Verfahrens ist es dabei nicht, die eine richtige Hypothese zu finden, sondern zuerst einmal verengte und einseitige Sichtweisen zu erweitern und festgelegte Meinungen aufzulockern und so eine möglichst große Vielfalt an Möglichkeiten und Perspektiven zu eröffnen. Daher sollte hier auch ein wirklich offenes Brainstorming ohne Zensur praktiziert werden, damit alle sich möglichst frei entfalten können und auch scheinbar abwegige Gedanken und verrückte Ideen eine Chance haben. Gerade sie enthalten oft wichtige Aspekte. So könnte bei unserem Beispiel die Hypothese: „Je besser die Frühstücksbrote sind, die der Leiter von seiner Freundin mitbekommt, desto gelassener wird er die Sitzung leiten" auf bisher zu wenig berücksichtigte klimatische und emotionale Bedürfnisse im Team hinweisen.

Erweiterung von Sichtweisen

Erst in einer zweiten Phase sollten dann einige als besonders nützlich und brauchbar erscheinende Hypothesen ausgewählt werden, die dem Falleinbringer eine Handlungsorientierung bieten.

Auswahl von Hypothesen

Wie Ihnen aufgefallen sein wird, haben wir für die sprachliche Formulierung der Hypothesen eine bestimmte syntaktische Form gewählt, nämlich

    wenn, ──────────▶ dann

und

    je mehr/weniger, ──────────▶ desto

Ohne daraus einen Zwang zu machen, erscheint es uns doch nützlich, sich soweit wie möglich dieser Form zu bedienen, da sie uns hilft wirklich *systemische* Hypothesen zu bilden, die auf Beziehungen und Interaktionen fokussieren.

Systemische Strategien und Techniken

Diskussion der Hypothesen

Nach Abschluß des Brainstorming lösen wir die Skulptur auf und bitten den Fallgeber, die Mitspieler aus ihren Rollen zu entlassen. Dann fordern wir ihn auf, uns eine für ihn besonders interessante Hypothese zu nennen und uns zu sagen, warum sie ihn besonders interessiert. So diskutieren wir in der Gruppe die für ihn wichtigsten Hypothesen und versuchen gemeinsam, ein möglichst stimmiges und für den Fallgeber nachvollziehbares Bild der Teamsituation zu entwickeln und mögliche Veränderungsstrategien und -ansätze herauszuarbeiten. Zum Schluß klären wir mit dem Fallgeber, welchen Ansatzpunkt für eine Veränderung er für sich als den erfolgversprechendsten und zugleich gangbarsten ansieht, und was ein erster konkreter Schritt in diese Richtung sein könnte. Sind wir eine Gruppe, die sich mehrmals trifft, vereinbaren wir mit ihm, welche Veränderungsschritte er sich bis zum nächsten mal als „Hausaufgabe" vornimmt, und daß er uns über die Auswirkungen berichtet.

Alternativen zur Skulptur

Rollenspiel und Soziogramm

Erscheint uns ein Blick auf die konkrete Kommunikation während der letzten Teamsitzung ergiebiger für das Anliegen des Fallgebers als die „geronnene" Beziehungsstruktur einer Aufstellung, so können wir auch ein Rollenspiel inszenieren, bei dem der Fallgeber, genau wie bei der Skulptur, die Mitspieler auswählt und eindoppelt, um anschließend kurz die Ausgangssituation für die Szene zu skizzieren, die gespielt werden soll und dann den Ablauf von außen zu beobachten. Erscheint uns dagegen ein Rollenspiel oder eine Skulptur zeitlich zu aufwendig oder aus anderen Gründen hier nicht angebracht, so können wir den Fallgeber bitten, uns die Situation zu visualisieren, während er sie uns schildert, z.B. ein Soziogramm des Teams aufzuzeichnen. Oder wir können ihn bitten, uns dieses Soziogramm mit leeren Stühlen, die er im Raum verteilt, zu veranschaulichen, evtl. diese Stühle auch mit Stofftieren oder anderen Gegenständen, die wir dabei haben, zu besetzten und dann diese Stühle kurz einzudoppeln. Auf jeden Fall werden wir ihn dabei mit Fragen unterstützen, die ihm helfen, den Kontext seiner Situation, soweit erforderlich sich selbst und uns zu verdeutlichen. Anschließend können wir dann genauso, wie oben, die Gruppe zum Entwickeln von Hypothesen einladen.

Stofftiere, Plastikfiguren, das sog. „Familienbrett"

Befinden wir uns in einem Einzelcoaching, so können wir unseren Coachee bitten, uns eine Aufstellung mit Gegenständen zu machen, die wir zur Hand haben, seien es die oben erwähnten Stofftiere, die kleinen Plastikfiguren der Firma „Playmobil" oder das sog. „Familienbrett", oder schließlich zur Not die gerade greifbaren Filz- und Klebestifte, Radiergummi und Kaffeetassen etc. Solche optischen Hilfsmittel sind stets eine wichtige Unterstützung bei dem Bemühen, Muster in Systemen zu erkennen. Auch dabei ist es hilfreich, wenn unser Coachee in die Rollen der fingierten Teammitglieder schlüpft und die Situation jeweils in Ichform aus der von ihm vermuteten Sicht dieser Personen darstellt. Anschließend können wir ihn bitten, mit uns als unser „Beraterkollege" die Situation von außen zu betrachten und gemeinsam mit uns Hypothesen zu formulieren.

Systemische Strategien und Techniken

Mit diesem Vorgehen, das wir Ihnen in unterschiedlichen Varianten vorgestellt haben, um damit

- eine vergangene und nicht real gegenwärtige Situation möglichst anschaulich und realitätsnah „herzuholen",
- um anschließend Hypothesen dazu aufzustellen
- und schließlich Interventions- bzw. Lösungsmöglichkeiten daraus abzuleiten,

erhoffen wir uns einen doppelten Effekt:

- zum einen, zusammen mit unserem Fallgeber für ihn möglichst brauchbare, auf seine reale Arbeitssituation passende Ideen zu entwickeln und
- zum anderen ihn (und die anderen TeilnehmerInnen, falls vorhanden) anzuregen, das Verfahren des Mustererkennens und Hypothesenbildens in seiner Arbeit selber anzuwenden und es ihm dafür transparent und handhabbar zu machen.

Doppelter Effekt

Zugleich leitet uns bei unserem Vorgehen eine grundsätzliche Einstellung systemisch-konstruktivistischer Beratung, die darin besteht, daß wir in unserem „KlientInnen" oder „KundInnen" (hier unser Coachee) die ExpertIn ihrer/seiner eigenen persönlichen und beruflichen Wirklichkeit sehen und daß wir ihr/ihm als BeraterIn nur unsere kommunikative Kompetenz und unsere Außenperspektive, sowie unsere mehr oder minder große Erfahrung, Intuition und Phantasie zur Verfügung stellen können, aus der heraus wir ihr/ihm (zusammen mit den anderen Gruppenmitgliedern) einen „Bauchladen" voll mehr oder minder passenden Ideen anbieten, aus dem sie sich das aussuchen kann/und soll, was ihr/ihm brauchbar erscheint.

Die KundIn ist ExpertIn

4.2. Die Perspektive wechseln

Am zweiten Tag haben wir das Dilemma besprochen, daß wir die Systeme, in denen wir stehen und handeln, nicht zugleich von außen beobachten können. Für die Tätigkeit als Coach ist dies von zweifacher Bedeutung:

- Zum einen will unsere Coaching-PartnerIn unsere Unterstützung bei Schwierigkeiten und Konflikten aus anderen systemischen Zusammenhängen (z.B. mit KlientInnen, KollegInnen etc.) und die wichtigste Hilfe, die wir ihr anbieten können, besteht darin, eine Situation von außen zu betrachten und ihr unsere Beobachtungen aus dieser anderen Perspektive mitzuteilen. Allerdings sind wir dabei meistens ausschließlich auf die Erzählungen unserer PartnerIn angewiesen, die natürlich nur aus ihrer Sicht erfolgen – es sei denn, wir begleiten und beobachten sie in ihrem Arbeitsfeld.

Außenperspektive des Coach

- Zum anderen bilden wir selbst mit unserem Coachee ebenfalls ein System, das wir genau sowenig von außen betrachten können, wie er dasjenige, das er mit uns reflektieren will.

Coach im System

Die systemische Therapie und Beratung hat nun eine Fülle von Techniken entwickelt, mit denen dieses Dilemma zwar nicht aufgehoben aber doch erheblich reduziert und die Wahrscheinlichkeit erhöht werden kann, zu adäquaten, zu „passenden" Beobachtungen und Einsichten zu gelangen.

„Eindoppeln" bei der Skulptur

Eine dieser Techniken haben wir schon zu Beginn des heutigen Vormittags beim Thema „Hypothesen bilden" kennen gelernt. Das sog. „Eindoppeln" bei einer Skulptur oder einem Rollenspiel ist eine sehr gute Hilfe, um zu versuchen, sich in die Lage anderer Menschen zu versetzen und die Wirklichkeit aus ihrer Perspektive zu sehen und dadurch die eigenen Wirklichkeitskonstruktionen zu erweitern und evtl. zu korrigieren.

Lassen Sie uns nun weitere Möglichkeiten ausprobieren

Das zirkuläre Fragen

Wir laden Sie ein, zu dieser bekanntesten und wohl am meisten verbreiteten systemischen Technik zuerst eine kleine Übung in unserer (gedachten) TeilnehmerInnengruppe machen.

Übung zirkuläres Fragen

Coach: Frau A., was meinen Sie, wer hier im Kreise schon die meiste Erfahrung mit dieser Technik hat?
Frau A.: Ich glaube, der Herr B.
Coach: Woraus entnehmen Sie das?
Frau A.: Er lächelt so wissend und nickt immer mit dem Kopf, wenn Sie reden.
Coach: Herr B., ist da was dran?
Herr B.: Ja, ich habe schon mal ein Seminar über systemisches Fragen mitgemacht.
Coach: Haben Sie eine Ahnung, wem das, was wir hier gerade probieren, besonders „spanisch" vorkommt?
Herr B.: Nee
Coach: Haben Sie eine Idee, wen ich statt Ihnen Fragen könnte?
Herr B.: Versuchen Sie's doch mal mit Frau C.
Coach: Frau D., haben Sie eine Vermutung darüber, warum Herr B. die Frau C. vorgeschlagen hat?
Frau D.: Vielleicht will er sie ärgern?
Coach: Herr E., was meinen Sie dazu?
Herr E.: Ich glaube eher, daß er ein bißchen in sie verliebt ist.
Coach: Frau F., angenommen Ihr Chef säße hier mit im Kreise, was würde er zu dem sagen, was wir gerade machen?
Frau F.: Ich glaube, er würde sagen: „Was soll der Quatsch?"
Coach: Herr G., wenn Sie sich vorstellen, einer Ihrer Klienten würde uns hier beobachten, was würde der sich denken?
Herr G.: Vielleicht: „Na, wieder solche komischen Psychospielchen"?

Systemische Strategien und Techniken

Vielen Dank! Was haben wir gerade gemacht? Wozu sind diese „Spielchen" gut? Wir haben Sie nicht nach Ihren eigenen Erfahrungen mit dieser Technik und nach Ihren eigenen Ansichten dazu gefragt, sondern Sie dazu eingeladen, Vermutungen übereinander anzustellen, sozusagen einen „Tratsch unter Anwesenden" zu führen. Und wir haben mit unseren letzten beiden Fragen auch Vermutungen über die Sichtweise anderer, nicht anwesender Personen angestellt. Ähnliche Fragen hat in unserem gestrigen Fallbeispiel Frau Mehring ihrer Auftraggeberin gestellt (siehe S. 122 und 125)

„Tratsch unter Anwesenden"

Damit können wir mehreres erreichen:

- ❏ daß Sie versuchen, sich in andere für Sie relevante Personen hineinzuversetzen, deren Meinungen zu erkunden und die Wirklichkeit aus deren Perspektive zu sehen;
- ❏ daß Sie gegenseitige Informationen über Fremdbilder voneinander erhalten;
- ❏ daß Beziehungen untereinander deutlicher werden;
- ❏ und daß damit insgesamt die Informationen übereinander und über das behandelte Thema sowie dessen Bedeutung für verschiedene Menschen zunehmen.

Mehr Informationen gewinnen

Lassen Sie und dieses Vorgehen auf eine Coaching – Situation anwenden:

Herr X. erzählt uns von einem massiven Konflikt mit einer Klientin, die sich bei seinem Vorgesetzten über ihn beschwert hat. Er ist wütend, verletzt und verunsichert. Nachdem er seine erste Betroffenheit hat ausdrücken können, könnten Sie ihn z.B. fragen:

Fallbeispiel

- ❏ Wenn wir ihre Klientin selber fragen könnten, was meinen Sie, wie sie uns den Konflikt – unterstellt, sie ist offen zu uns – aus ihrer Sicht schildern würde?
- ❏ Was würde sie wohl antworten, wenn wir sie fragen würden, was sie an Ihrem Verhalten besonders geärgert oder verletzt hat?
- ❏ Und wenn wir sie, nachdem sie sich wieder etwas beruhigt hat, noch fragen würden, warum sie zu Ihnen gekommen ist und was sie an Ihnen geschätzt hat?

Über diesen Weg können Sie seine Bereitschaft erhöhen, den Konflikt von zwei Seiten her zu sehen und nach Lösungen zu suchen, die beiden gerecht werden.

Der Rollentausch

Wollen Sie im Einzelcoaching den Perspektivenwechsel Ihres Coaching – Partners vertiefen, ihn dazu bringen, sich auch gefühlsmäßig in die Lage seiner Problem- oder Konfliktpartnerin zu versetzen, so können sie ihm vorschlagen, stärker in die andere Rolle zu gehen, indem Sie ihn auffordern, in Ichform zu reden. Unterstützend wirkt dabei u.U. ein Platzwechsel, z.B. die

In die andere Rolle gehen

135

Systemische Strategien und Techniken

Wahl eines anderen Stuhles. Und mit zwei Stühlen, zwischen denen Ihr Coachee ständig hin- und her wechselt, könnte er auch ein Gespräch zwischen sich und seiner Konfliktpartnerin simulieren.

Das Einnehmen einer Außenperspektive

Eine dritte, außenstehende Position einnehmen

Häufig ist es für den Coachee hilfreich, sich nicht nur in die Lage eines Gegenübers zu versetzen, sondern eine dritte, außenstehende Position einzunehmen. Bei der Skulptur, die wir heute in unserer ersten Einheit dargestellt haben, haben wir dem Fallgeber vorgeschlagen, sich eine solche Position im Raum zu suchen.

Einen ähnlichen Effekt könnten Sie auch mit zirkulären Fragen erreichen. So könnten Sie in dem gerade erwähnten Konflikt mit einer Klientin Ihren Coachee auch fragen:

- Fällt Ihnen eine dritte Person ein, die den Konflikt mit Ihrer Klientin mitbekommen hat?, z.B. ein Kollege? Oder könnten Sie sich eine solche Person vorstellen, die dabei gewesen wäre, als die Schwierigkeiten zwischen Ihnen auftraten?
- Was würde diese Person uns darüber sagen, wie sie die Beziehung zwischen Ihnen wahrgenommen hat und worin sie den Grund für den Konflikt sieht?

Aufstehen und Platz wechseln

Wenn Sie in einem Einzelcoaching den Eindruck haben, daß Ihr Coachee noch stark in seinen Emotionen und in seiner Problemsicht gefangen ist und sich schwer tut, auf solche Fragen einzugehen, können Sie ihn auch auffordern, aufzustehen und sich (wie bei der Skulptur) einen guten Platz im Raum zu suchen, von dem aus er die Sache am ehesten von außen betrachten kann. Sie stehen mit ihm auf und begleiten ihn. Sie sagen ihm:

- „Da auf den zwei Stühlen, auf denen wir beide vorhin saßen, sitzt nun links Herr X. (Ihr Coachee) und ihm gegenüber Frau Y.
- Was ist da los zwischen den beiden?
- Was nehmen Sie wahr?"

Dabei können Sie ihm auch eine Rolle zuweisen, z.B. ihn als Ihren Beraterkollegen ansprechen, dessen Sachverstand Ihnen willkommen ist, da Sie nicht genau wissen, was da los ist und gemeinsam mit ihm nach einer guten Lösung suchen möchten. Eine reizvolle Variante besteht darin, ihn aufzufordern, nacheinander drei Rollen einzunehmen:

Der Freund, der Feind, der Weise

- die eines guten Freundes (oder einer Freundin),
- die eines Feindes oder Gegners,
- und die eines weisen Mannes (bzw. einer weisen Frau).

Systemische Strategien und Techniken

und aus den drei Rollen (von der jeweils ihm geeignet erscheinenden Position im Raum aus) rückzumelden, wie er den Konflikt wahrnimmt und was er Herrn X. (also sich selbst) empfehlen würde, zu tun, um von daher dann auf eine für ihn akzeptable Lösung zu kommen.

4.3 Konflikte konstruktiv bearbeiten

Lassen Sie uns nun die bisher vermittelten Interventionsmöglichkeiten auf einen Teamkonflikt anwenden.

Teamkonflikt

Es geht um einen massiven Konflikt zwischen zwei MitarbeiterInnen eines Teams in einer Wohngemeinschaft für drogengefährdete Jugendliche, – Frau A. und Herrn B. -, der die gesamte Arbeit behindert. Sie sind der Vorgesetzte oder Berater des Teams und gebeten worden, eine Konfliktbearbeitung zu moderieren.

Fallbeispiel

Mit zirkulären Fragen

Nach einer Auftrags- und Zielklärung, in der die grundsätzliche Bereitschaft, bestätigt wird, den Konflikt mit Ihnen zu bearbeiten, könnten Sie z.B. folgende zirkuläre Fragen stellen:

- Herr C., welche Person im Team hat Ihrer Meinung nach den relativ größten Abstand zu dem Konflikt?
- (er nennt Frau D.)
- Frau F., sehen Sie das auch so? (Sie bestätigt).
- Frau D., haben Sie eine Idee, wie wir den Konflikt am ehesten so bearbeiten könnten, daß sich eine für alle befriedigende Lösung abzeichnet?
- (Oder) : Ist Frau A. Ihrer Meinung nach stärker an einer Lösung oder an einer Beibehaltung des Konflikts interessiert? Und wie ist das aus Ihrer Sicht bei Herrn B.? Wer erscheint Ihnen noch an einer Lösung (bzw. an einer Beibehaltung) des Konflikts interessiert?
- Frau A. was sagen Sie selbst dazu?
- Und Sie Herr B.?

Über solche und ähnliche Fragen können Sie Informationen erhalten, die es Ihnen ermöglichen, die Bereitschaft zur Konfliktbearbeitung genauer zu erkunden und ein geeignetes Verfahren dafür vorzuschlagen.

Das Gespräch mit stützenden Partnern

Angenommen, Sie haben den Eindruck, daß der Konflikt zwischen den beiden Teammitgliedern eine überwiegend persönliche Dimension hat, daß aber beide bereit sind, sich auf den Versuch einer Konfliktbearbeitung einzulassen. Dann könnte z.B. das „Gespräch mit stützenden Partnern" ein geeignetes Setting dafür sein.

persönliche Beziehungsklärung

> **„Gespräch mit stützenden Partnern"**
>
> Seine Regeln sind:
> 1. Die Konfliktpartner setzen sich gegenüber.
> 2. Jeder von ihnen wählt sich aus der Gruppe einen „stützenden Partner", der sich neben ihn setzt.
> 3. Die Kommunikation verläuft wie folgt:
>   ➢ Bevor ein Konfliktpartner den anderen anspricht, berät er sich (öffentlich, für alle hörbar) mit seinem stützenden Partnern darüber, was er sagen soll. Erst dann spricht er den Konfliktpartner direkt an. Das wiederholt sich bei jedem Gesprächsbeitrag.
>   ➢ Der stützende Partner versteht sich nicht als Anwalt oder Sekundant seines Partners, sondern als Helfer für eine Konfliktlösung, die im wohlverstandenen Interesse seines Partners ist, bei der dieser also nicht als Verlierer dasteht. Dazu beobachtet er die Kommunikation zwischen beiden und meldet seinem Partner (für alle hörbar) seine Beobachtungen zurück (z.B. wo er von seinem Gegenüber nicht verstanden wurde und wie er ihn vielleicht besser erreichen könnte, welche Angebote von diesem er nicht wahrgenommen hat, wodurch er selbst zu einer Eskalation beigetragen hat etc.)
> 4. Der Coach moderiert das Konfliktgespräch und wacht über die Einhaltung der Regeln.
> 5. Zum Schluß geben die anderen Teammitglieder Rückmeldung, wie sie das Gespräch erlebt haben.

Abb. 68

Systemische Konfliktanalyse

Fokus auf die Beziehungen im Team richten

Ein anderer Weg wäre, – wenn Sie den Eindruck haben, daß viele oder alle Teammitglieder in irgend einer Weise an dem Konflikt beteiligt sind und er eine wichtige Funktion für das ganze Team erfüllt (was aus systemischer Sicht meist der Fall ist) – den Fokus, statt auf die Interaktion zwischen den unmittelbaren KonfliktpartnerInnen, auf die Beziehungen im Team zu richten. Dabei könnten Sie wieder zirkuläre Fragen stellen, wie z.B.:

➢ Was glauben Sie, Frau A., wer am meisten von Ihren Auseinandersetzungen mit Herrn B. betroffen ist?
➢ Haben Sie eine Idee, warum?
➢ Und gibt es hier vielleicht jemand, der sich eher darüber freut oder amüsiert?
➢ Herr B., haben Sie den Eindruck, daß dieser Konflikt für irgend jemand von Ihnen oder für das ganze Team irgendwie von Vorteil sein könnte?
➢ Könnte er auch für andere Personen außerhalb des Teams nützlich sein?
➢ Oder hängt er sogar in irgend einer Weise mit Schwierigkeiten in der gesamten Einrichtung zusammen?

Systemische Strategien und Techniken

> Haben Sie eine Idee, was Ihre Jugendlichen von dem Konflikt halten und wie sie sich dazu äußern würden?

Ziel dieses Vorgehens wäre es, die Teammitglieder zu motivieren und zu befähigen, sich innerlich von dem Streit zu distanzieren und den Blick auf bestimmte Konfliktmuster, auf bestimmte Spiegelungsphänomene zwischen dem Team und den Jugendlichen, sowie auf die mögliche Bedeutung und Funktion des Konfliktes für das Team und für die gesamte Organisation zu richten. Dazu könnte man in einem nächsten Schritt gemeinsame Hypothesen nach dem oben skizzierten Verfahren sammeln. Dabei wäre es hilfreich (sofern möglich), die Sitzordnung zu verändern, oder noch besser sich auf neue Stühle außerhalb des bisherigen Stuhlkreises zu begeben, um so eine Außenperspektive zu erleichtern.

Spiegelungsphänomene

Teamskulptur

Halten Sie es dagegen für sinnvoller, daß die Teammitglieder den Konflikt erst noch einmal deutlich spüren, bevor sie ihn reflektieren, so können Sie eine Life-Skulptur mit dem ganzen Team vorschlagen. Hierzu können Sie entweder (wiederum über zirkuläre Fragen) versuchen, zu erfahren, welches Mitglied am ehesten eine neutrale oder vermittelnde Position im Team hat und eine Skulptur stellen könnte, die auf weitgehenden Akzeptanz stößt. Sie könnten aber auch umgekehrt ein besonders betroffenes Mitglied dazu auffordern, je nachdem, was Ihnen für den Prozeß hilfreicher erscheint. Auf jeden Fall sollten Sie nach der Aufstellung fragen, wer sie gerne modifizieren möchte, weil er/sie ein erheblich anderes Bild davon hat. Dadurch erhöhen sie die Einsicht in die Relativität eigener Wirklichkeitskonstruktionen und die Bereitschaft, andere daneben gelten zu lassen. Zwischendurch können Sie einzelne Mitglieder auffordern, aus der Skulptur herauszugehen und sie sich von außen anzuschauen und ihre Beobachtungen mitzuteilen. Dazu können Sie entweder selber den leeren Platz einnehmen oder dazu einen Gegenstand (Stuhl, Stofftier etc.) als Symbol verwenden. Anschließend können Sie wie oben gemeinsame Hypothesen entwickeln lassen.

Life-Skulptur mit dem Team

NACHMITTAG: FORTSETZUNG

4.4 Die richtigen Worte wählen: Wertschätzen – positiv konnotieren und reframen.

Wir gehen, wie wir bereits am ersten Tag erläutert haben, davon aus, daß wir Menschen die soziale Wirklichkeit, der wir angehören, durch Prozesse der Kommunikation und Interaktion, in einem ständigen Wechselspiel von Wahrnehmen und Handeln, selber hervorbringen. Eine zentrale Rolle spielt dabei die Sprache, die nicht nur ein Mittel ist, die von uns wahrgenommene Wirklichkeit zu beschreiben, sondern die zugleich auf unsere Wahrnehmung

Wechselwirkung von Sprache und Wahrnehmung

Systemische Strategien und Techniken

zurückwirkt. Wir alle wissen, daß bestimmte Worte und Formulierungen bestimmte Assoziationen und Gefühle bei uns auslösen, die wiederum unsere Wahrnehmung und Interpretation menschlicher Beziehungen beeinflussen – ein Zusammenhang den das „Neurolinguistische Programmieren" (NLP) analysiert und praktisch anwendet.

Sorgfalt bei Wortwahl und Ausdrucksweise

Und viele von uns werden schon die Erfahrung gemacht haben, daß eine bestimmte Wortwahl in Verbindung mit einer entsprechenden Sprachmusik (Tonlage, Modulation der Stimme etc.) Trancephänomene und hypnotische Zustände bei uns auslösen kann. Systemische Beratung bemüht sich darum, diese Zusammenhänge in einer respektvollen, die Integrität ihrer GesprächspartnerInnen achtenden Weise zu nutzen und verwendet daher große Sorgfalt bei ihrer Wortwahl und Ausdrucksweise.

Wertschätzung

Wertschätzung der Person

Dies beginnt mit dem Bemühen, dem Gegenüber eine grundsätzliche Wertschätzung seiner Person zum Ausdruck zu bringen – unabhängig von seinen konkreten Verhaltensweisen, die möglicherweise für ihn selbst und/oder andere Personen ein Problem darstellen – und ihm mitzuteilen, daß wir davon ausgehen, er sei daran interessiert, zu lernen und sich weiterzuentwickeln. So macht es einen Unterschied, ob ich als Vorgesetzter eine MitarbeiterIn, die in letzter Zeit öfters versagt hat und die ich zu einem Gespräch gebeten habe, mit den Worten begrüße:

➢ „Gut, daß Sie kommen. Sie müssen dringend was bei sich verändern. Hoffentlich sind Sie dazu bereit."
➢ Oder ob ich sage: „Schön, daß Sie meiner Einladung so schnell gefolgt sind. Ich entnehme daraus, daß Sie interessiert daran sind, etwas positiv zu verändern."

Positive Konnotation

Positive Konnotation von Verhalten

Und dieses Bemühen setzt sich fort mit der sog. „positiven Konnotation", die darin besteht, auch bei Eigenschaften und Verhaltensweisen, die als Problem erlebt werden, eine positive Seite zu erkennen und diese mitzuteilen. Dahinter steht zum einen die systemische Einsicht, daß die Beurteilung und Bewertung von Verhalten an den jeweiligen Kontext gebunden ist: weshalb etwa die Langsamkeit und Umständlichkeit einer MitarbeiterIn einer Werbeagentur in einer Behörde ganz anders, z.B. als Sorgfalt und Genauigkeit, wahrgenommen werden könnte. Und ich könnte dieser MitarbeiterIn als ihr Vorgesetzter z.B. sagen:

➢ „Ich sehe, daß Sie Ihre Arbeit mit großer Sorgfalt erledigen. Könnten Sie sich vorstellen, dabei auch etwas schneller vorzugehen, ohne deshalb Ihre Sorgfalt aufzugeben?
➢ Was bräuchten Sie dazu?"

Systemische Strategien und Techniken

Zum anderen liegt dem positiven Konnotieren die systemtheoretische Annahme zugrunde, daß Verhalten in Systemen immer auch einen Beitrag zur Aufrechterhaltung des Systemgleichgewichts darstellt, sei es, daß dadurch ein Konflikt entschärft oder zugedeckt wird, der das System zu sprengen droht, oder daß umgekehrt eine zu starre Ordnung in Frage gestellt und aufgeweicht wird, die die Anpassungs- und Entwicklungsfähigkeit des Systems gefährdet. So könnte ich einem Teammitglied, das sich auffällig aggressiv verhält, sagen:

...als Beitrag zur Aufrechterhaltung des Systemgleichgewichts

> „Ich sehe, daß Sie sich viel Mühe geben, durch Ihre temperamentvollen Ausbrüche Bewegung in die etwas starren Regeln Ihres Teams zu bringen, wobei Sie tapfer in Kauf nehmen, dadurch auf Ablehnung zu stoßen."

Oder einer Führungskraft, die massive Konflikte mit einer KollegIn auf gleicher Ebene hat, könnte ich rückmelden:

> „Ich habe den Eindruck, daß Sie sich für Ihren Vorgesetzten opfern, indem Sie ihm durch den Streit mit Ihrer KollegIn die Aufgabe abnehmen, sich selber darum zu kümmern und damit auseinanderzusetzen.

Reframing

Die letzten zwei Beispiele stellen zugleich ein sog. „Umdeuten" bzw. ein „Reframing" dar: Dem Verhalten der Betroffenen wird ein anderer Sinn gegeben, indem es in einen anderen Kontext oder Rahmen (engl. „frame") gestellt wird, der ihm eine andere Bedeutung gibt. Unser gestriges Beispiel mit den Marsmenschen, die auf einem Fußballplatz landen wollen, hat deutlich gemacht, wie stark die Bedeutung menschlichen Handelns von dem Kontext abhängt, in dem es geschieht.

Umdeuten von Verhalten

Bei den obigen zwei Beispielen ändert sich die Bedeutung des „störenden" Verhaltens der Mitarbeiter durch ihre Einordnung in den Kontext des jeweiligen Gesamtsystems.

Zur Abrundung noch zwei weitere Beispiele:

Ein Gruppenleiter beklagt sich bitter darüber, daß seine MitarbeiterInnen ihm ständig auf der Nase herum tanzen und sagt, er fühle sich ihnen gegenüber inzwischen völlig ohnmächtig. Sie könnten ihn fragen: „Ab wann haben Sie sich entschlossen, die Zügel schleifen zu lassen und alles mit sich geschehen zum lassen?" – und legen ihm damit nahe, daß er selber ja auch einen aktiven Beitrag zu seiner Situation geleistet haben muß.

Eine fachlich qualifizierte MitarbeiterIn eines nicht sehr erfolgreichen Teams lehnt jede ihr angebotene berufliche Weiterentwicklung ab. Das könnten Sie z.B. so kommentieren: „Sie verhalten sich außerordentlich loyal zu ihren TeamkollegInnen, indem Sie es ablehnen, sich ihnen gegenüber zu profilieren."

Systemische Strategien und Techniken

"Verflüssigen"
von Sichtweisen

Bei dieser Technik kommt es nicht darauf an, daß Ihre Umdeutungsversuche der Realität entsprechen oder bei Ihrem Gegenüber auf Zustimmung stoßen, sondern daß sie seine bisherige Sicht der Dinge verunsichern, seine vertrauten, oft stereotypen Interpretationsmuster etwas durcheinander bringen bzw. „verflüssigen".

„Wenn alles auch anders sein könnte, anders gesehen werden könnte, ist schon viel dafür getan, daß die Dinge nicht mehr so festgefahren und rigide erlebt werden wie bisher" *(Schlippe/Schweitzer 1996:180/81).*

4.5. Lösungen suchen und finden

Problemfokus
vs.
Lösungsfokus

Menschen gehen normaler Weise davon aus, wenn sie für sich Unterstützung in Form von Beratung in Anspruch nehmen, daß der/die BeraterIn viel von dem Anliegen/dem Problem wissen und verstehen muß, um in der Lage zu sein, Unterstützung zu geben, bzw. helfen zu können. Dabei liegt der Wahrnehmungsfokus der KlientIn, in unserem Zusammenhang des Coachees, zumeist schon lange auf dem „Problem", was sie/ihn hindert, zu neuen, adäquateren Lösungsversuchen zu kommen.

Lösungsorientiertes Arbeiten in der Beratungsarbeit geht von einem grundsätzlich anderen Verständnis aus. Menschen, die Beratung für sich in Anspruch nehmen, haben schon eine Menge unternommen, um einen für sie beklagenswerten Sachverhalt zu beseitigen, haben jedoch hierfür noch nicht den richtigen Schlüssel gefunden.

Häufig ist nach einer Weile nicht mehr der ursächliche Sachverhalt das „eigentliche Problem", sondern das vergebliche Bemühen um eine angemessene Lösung. Denn je länger der Blickwinkel auf das Problem konzentriert ist, desto mehr verengt sich die Wahrnehmung, und positive Aspekte um den Sachverhalt herum, die nach wie vor funktionieren, geraten völlig außerhalb des Wahrnehmungsfokus.

Der verlorene
Schlüssel

Ein leicht beschwipster nächtlicher Heimkehrer bleibt irgendwann an einer Straßenlaterne stehen, fängt an diese zu umkreisen, schimpft gelegentlich vor sich hin und hört nicht auf, mal links und mal rechts um die Laterne herumzutorkeln. Nach einer Weile kommt ein gutmeinender anderer Nachtbummler dazu und fragt: „Was machen Sie denn da, kann ich Ihnen irgendwie helfen?" Darauf ein etwas mürrisches: „Ich suche meinen Schlüssel!" Der Gutmeinende fängt ebenfalls an mal links und mal rechts herum um die Laterne zu kreisen. Nach einer Weile ebenfalls schon mürrisch fragt er: „Sind Sie sich denn sicher, daß Sie Ihn hier verloren haben?" „Nein, aber hier gibt's Licht!"

Lösungsorientiertes Arbeiten in der Beratung versucht, gute Einladungen auszusprechen, den gewohnten Lichtkegel zu verlassen und damit, wenn auch zunächst im Dunkeln, die Optionen für eine erfolgreiche „Schlüsselsuche" zu erweitern.

Systemische Strategien und Techniken

> **Ein lösungsorientiertes Coaching bietet die Möglichkeit:**
>
> ❐ Einladende Gespräche zu führen und darüber nachzudenken, wie sich Menschen ändern können und ihre Ziele erreichen.
> ❐ Mit anderen Menschen auf eine ganz spezielle Weise in Kontakt und Kommunikation zu treten.
> ❐ Und in einem gemeinsamen Gesprächsverlauf neue und für die aktuelle Situation des Coachee „passendere" Lösungen zu entwickeln.

Um in *passender* Weise Lösungen mit der KundIn zu entwickeln, muß man über die Details des Problems/der Klage, die die KundIn vorträgt, gar nicht so genau Bescheid wissen. Es ist nicht einmal nötig, daß man sich genau vorstellen kann, wodurch die beklagte Situation aufrecht erhalten wird, um dann eine passende Lösung finden zu können.

Passende Lösungen

Notwendig ist nur, daß die betreffende Person in ihrer unangenehmen und beklagten Situation tatsächlich *etwas anderes tut*. So ist es Ziel von lösungsorientiertem Coaching, zu erreichen, daß die MitarbeiterIn, die Führungskraft, neue Aspekte in Bezug auf das Anliegen entwickelt, und entsprechend ihr Interaktionsverhalten und/oder ihre Interpretation des Verhaltens oder der Situation so verändert, daß sich eine Lösung entwickelt, sich der Knoten ihres Problems löst.

Etwas anderes tun

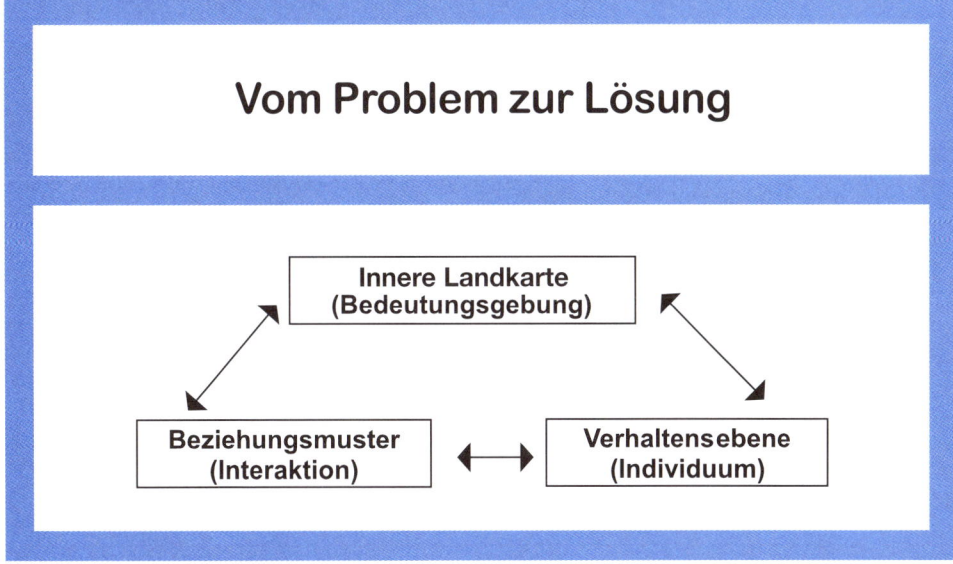

Abb. 69

Ich muß nichts Genaues über das Schloß wissen, und der Schlüssel muß nicht unbedingt der richtige sein, wenn es meine Absicht ist die Tür zu öffnen. Um für die Anfertigung eines passenden Dietrichs günstige Bedingungen im Coachingprozeß herzustellen ist es hilfreich, sich als Coach an einigen erkentnis- und handlungsleitenden Prinzipien zu orientieren.

Erkenntnis- und handlungsleitende Prinzipien

Systemische Strategien und Techniken

> **Prinzipien des lösungsorientierten Coachings**
>
> ❐ Ziel ist es einzuladen, anzuregen, zu verstören, Kooperation herstellen, Randbedingungen günstig zu beeinflussen.
> ❐ Dabei ist es von vorrangiger Bedeutung, zu definieren, was der Coachee will und nicht das, was er/sie nicht will.
> ❐ Im Verlauf des Gesprächs ist herauszufinden, was bereits funktioniert im Sinne eines gesteckten Ziels, um dies zu verstärken und auszubauen.
> ❐ Lösungen, die die KundIn für sich nicht übernehmen will, werden nicht als Bestandteil ihres/seines Problems (Widerstand) gesehen, sondern sie werden als nicht passend für die jeweilige Situation der KlientIn interpretiert.
> ❐ Es werden Lösungen entwickelt und keine Probleme bearbeitet.
> ❐ Lösungen müssen pragmatisch sein und sich nahtlos einpassen in den spezifischen Kontext der KundIn.
> ❐ Lösungen zielen auf die Veränderung von konstruierten Wirklichkeiten, auf der Wahrnehmungs-, Beschreibungs-, Verhaltens- und Beziehungsebene.
> ❐ Nötig sind nur kleine Veränderungen. Jede Veränderung in einem Teil des Systems führt zu Veränderungen im ganzen System.
> ❐ BeraterIn und KundIn müssen beide wissen, woran sie erkennen, daß das Problem gelöst ist.

Abb. 70

In einem lösungsorientierten Coaching versucht der Coach, das Gespräch auf folgenden Gesprächsebenen zu führen:

Ebenen des lösungsorientierten Coachings

1. Auf der Ebene der Zielfindung.
2. Auf der Ebene der Ausnahmen.
3. Auf der Ebene der hypothetischen Lösungen.
4. Auf der Ebene der Ressourcen, bzw. den befriedigend erlebten Bedingungen.
5. Auf die Erarbeitung von Lösungsschritten

Übung

Dies läßt sich in folgender Übung, zu der wir Sie jetzt einladen wollen, verdeutlichen:

> **Übung: Lösungsorientierte Beratung**
>
> 1. **Bitte überlegen Sie sich ein Anliegen aus Ihrem Arbeitsalltag, welches Sie schon lange realisieren wollten!**
>
>   *Was würden Sie gerne ändern? (Wunsch/ Beschwerde)*
>   _____

Systemische Strategien und Techniken

> **2. Frage nach dem Ziel:**
>
> *Worin besteht Ihr Ziel, wenn Sie sich auf diese Übung einlassen?*
>
> ---
>
> **3. Frage nach Ressourcen:**
>
> Was möchten Sie im Zusammenhang mit Ihrem Anliegen so lassen wie es ist? Was würde Ihnen fehlen?
>
> ---
>
> **4. Frage nach Ausnahmen:**
>
> Gibt es Zeiten, wo Sie den Eindruck haben, Sie wären Ihrem Ziel schon ziemlich nahe? Was ist dann anders? Was tun Sie in diesen Zeiten?
>
> ---
>
> **5. Frage nach hypothetischen Lösungen:**
>
> Falls ein Wunder geschehen würde und das Problem wäre gelöst, woran würden Sie das merken? Was würden Sie dann anders machen? Wer würde es noch merken?
>
> ---
>
> **6. Konstruktion von Lösungswegen:**
>
> Was könnten Sie von dem, was Sie während der Ausnahmen tun, auch jetzt tun? Wie könnten Sie das tun? Was könnte ein erster Schritt von Ihnen in Richtung des beschriebenen Wunders sein?

Abb. 71

Zum Gelingen eines lösungsorientierten Coachingprozesses ist es sehr wichtig, zu einer eindeutigen und überprüfbaren Zielformulierung zu kommen. Dabei ist es hilfreich sich an folgenden Aspekten zu orientieren:

Eindeutige, überprüfbare Ziele formulieren

> **Überprüfbare Zielformulierungen**
>
> 1. **Das Ziel soll in eine sprachlich positive Formulierung gefaßt werden:**
>   ➢ Die Coachees sollen sich an der Zielfindung aktiv beteiligen, z.B.: „Ich möchte als Vorgesetzter mit der Kritik meiner MitarbeiterInnen konstruktiv umgehen können".
>   ➢ Negative Formulierungen lassen sich sprachlich durch ein „was würden Sie sich statt dessen wünschen, tun ...." umformulieren.
> 2. **Das Ziel sollte prozeßhaft beschrieben sein:**
>   ➢ Um zu einer prozeßhaften Beschreibung zu kommen, ist es hilfreich, über Wie-Fragen die konkreten Abläufe bei einer veränderten Situation beschreiben zu lassen, z.B.: „Die Motivation der MitarbeiterIn, zeigt sich wenn er/sie sich auch wieder mit aktiven Beiträgen im Jour-fix beteiligt".
> 3. **Das Ziel sollte im Hier und Jetzt beschrieben sein:**
>   ➢ Ziele sollten so formuliert sein, daß praktisch vorstellbar sofort damit begonnen werden kann, z.B.: „Ich werde die MitarbeiterIn noch in dieser Woche zu einem Gespräch bitten, um mit ihr meine Anliegen zu besprechen."
> 4. **Ziele sollten spezifisch mit den Verhaltensgewohnheiten des Coachees reflektiert und abgestimmt sein.**
>   ➢ Dies gibt die Möglichkeit bestimmte Ziele bei ihrer Umsetzung auf die Eigenarten und Besonderheiten abzustimmen, indem man z.B. frägt: „Wie genau wollen Sie dies machen? Was ist aus Ihrer Sicht ein geeignetes Vorgehen? Was ein günstiger Ort, ein günstiger Zeitpunkt?"
> 5. **Ziele sollten so formuliert werden, daß ihre Wirkung für den Coachee beobachtbar und überprüfbar ist.**
>   ➢ z.B. durch die Frage: „Woran merken Sie, daß sie Ihr Ziel erreicht haben?"
>   ➢ Beobachtbare und damit kommunizierbare Zielformulierungen sind für die weitere Entwicklung oder aber auch für eine mögliche Korrektur äußert hilfreich.
>
> (nach: Walter/Peller, 1994)

Abb. 72

Über Ziele reden, statt Ratschläge oder Anweisungen geben

Vor allem im Zusammenhang des Mitarbeiter-Coachings halten wir ein lösungsorientiertes Vorgehen für besonders förderlich. Herkömmliche Vorgehensweisen von Vorgesetzten, wie Appelle zu senden, Ratschläge oder Anweisungen zu geben, erzeugen in der Regel eher Gegenreaktionen und führen sehr häufig nicht zum gewünschten Erfolg. Dies liegt daran, daß die Interessen, Wünsche und Ansichten der Beteiligten nicht oder zu wenig mit einbezogen wurden. Will man jedoch eine dauerhafte Veränderung herbeiführen, so ist es wichtig, gerade das Denken und die Bedürfnisse der anderen Person mit einzubeziehen.

Systemische Strategien und Techniken

Dazu eignet sich ein stark lösungsorientiertes Vorgehen in besonderer Weise. Es wird über Ziele und gegebenenfalls über eine optimale Koordinierung von unterschiedlichen Zielen geredet. Dies ist eine gute Möglichkeit, Vertrauen zu schaffen, vor allem wenn es im Rahmen eines regelmäßigen Coachingverlaufes geschieht und nicht nur bei gegebenen, problematischen oder konflikthaften Situationen.

4.6 Abschlußreflexion zum heutigen Tag:

Zum Abschluß des heutigen Tages schlagen wir Ihnen folgende Übung vor: *Übung*

Abschlußreflexion

Versuchen Sie zuerst in Einzelarbeit Anworten auf folgende Fragen zu finden:

1. Welches sind in meinem beruflichen Alltag meine „Lieblingsprobleme" auf die ich als Coach, Chef oder Berater gerne auf Anhieb anspringe?
2. Wer ist mir hierbei ein hilfreicher Helfer?
3. Zu welchen „Lösungen" neige ich hierbei?
4. Bin ich mit der „Lösung" zufrieden?
5. Wie würde mein „Helfer" das Problem und die bisherigen Lösungen beschreiben und beurteilen?

Machen sie sich einige Notizen, vielleicht eine Skizze, vereinbaren Sie dann mit dem dazugehörigen Helfer einen Termin und entwickeln Sie mit ihm gemeinsam lösungsorientiert neue, für Sie und ihn passendere Lösungen.

Literatur (zum 3.–5. Tag)

Andersen, T. (Hrsg.): Das reflektierende Team – Dialoge und Dialoge über die Dialoge, Dortmund
Bateson, G. (1985): Ökologie des Geistes, Frankfurt/M.
Cecchin, G. (1988): Zum gegenwärtigen Stand von Hypothesieren, Zirkularität und Neutralität. Eine Einladung zur Neugier. In: Familiendynamik, Jahrg. 13, S. 190ff.
De Shazer, S. (1991): Wege der erfolgreichen Kurztherapie. Stuttgart
ders. (1992): Der Dreh – Überraschende Wendungen und Lösungen in der Kurztherapie, Heidelberg
Gröne, M. (1995): Wie lasse ich meine Bulimie verhungern? Ein systemischer Ansatz zur Behandlung von Bulimie, Heidelberg
Kim-Berg, I. (1993): Kurzzeittherapie bei Alkolproblemen. Ein lösungsorientierter Ansatz, Heidelberg
Schlippe, A./Schweitzer, J. (1996): Lehrbuch der systemischen Therapie und Beratung, Göttingen

Schweitzer, J./Weber, G. (1982): Beziehung als Metapher: Die Familienskulptur als diagnostische, therapeutische und Ausbildungstechnik, Familiendynamik, 7. Jahrg., S. 113ff.

Selvini-Palazzoli, M. u.a. (1980): Hypothesieren – Zirkularität – Neutralität: Drei Richtlinien für den Leiter der Sitzung, Familiendynamik, 6. Jahrg., S. 123ff.

Stahl, T. (1988): Triffst Du nen Frosch unterwegs..., NLP für die Praxis, Paderborn

Walter, J.L./Peller, J.E. (1994): Lösungsorientierte Kurztherapie. Ein Lehr- und Lernbuch, Dortmund

Zusammenfassung und Auswertung

5. TAG

VORMITTAG: ZUSAMMENFASSUNG UND AUSBLICK

Liebe Teilnehmer und Teilnehmerinnen,

unser Workshop geht leider seinem Ende entgegen - wir sagen „leider", denn die (gedachte) Zusammenarbeit mit Ihnen hat uns angeregt und auf neue Ideen gebracht, weit mehr, als wenn dieses Produkt, das Sie gerade lesen, ausschließlich am Schreibtisch entstanden wäre.

Unsere letzte Arbeitseinheit heute Vormittag soll einer Zusammenfassung dienen, die wir unter drei Fragestellungen mit Ihnen vornehmen möchten:

Das Ende unseres Workshops naht...

Abschluß-Fragestellungen

1. Welches sind die systemischen Haltungen und handlungsleitenden Prinzipien, die den praktischen Ausführungen und Vorgehensweisen der letzten zwei Tage zugrunde liegen? Und inwieweit erscheinen Sie Ihnen hilfreich für Ihre eigene Aufgabe als Coach?

2. Was können und wollen Sie von dem, was wir Ihnen vermittelt haben, in Ihre eigene Praxis übernehmen? Wo werden Sie es konkret anwenden bzw. ausprobieren?

3. Inwieweit war der Workshop für Sie insgesamt ein Erfolg? In welchem Ausmaß wurden die Erfolgskriterien, die Sie zu Beginn für sich formuliert haben, erfüllt?

Abb. 73

5.1 Kurzreferat: Haltungen und Prinzipien des systemischen Coachings

Wir hoffen, es ist uns in den vergangenen Tagen gelungen, Ihnen deutlich zu machen, daß ein systemisches Konzept von Beratung im allgemeinen und von Coaching im besonderen mehr ist, als ein Set von mehr oder minder originellen Kommunikationstechniken und Interventionsstrategien. Denn ihnen liegt sowohl eine Theorie über die soziale Wirklichkeit zugrunde, als auch ein Bün-

Mehr als ein Set von Techniken

del bestimmter, in dieser Theorie begründeter und ethisch fundierter Einstellungen und Haltungen, aus denen sich wiederum Handlungsprinzipien ableiten lassen, die den Einsatz von Strategien und Techniken zu leiten und zu bestimmen haben.

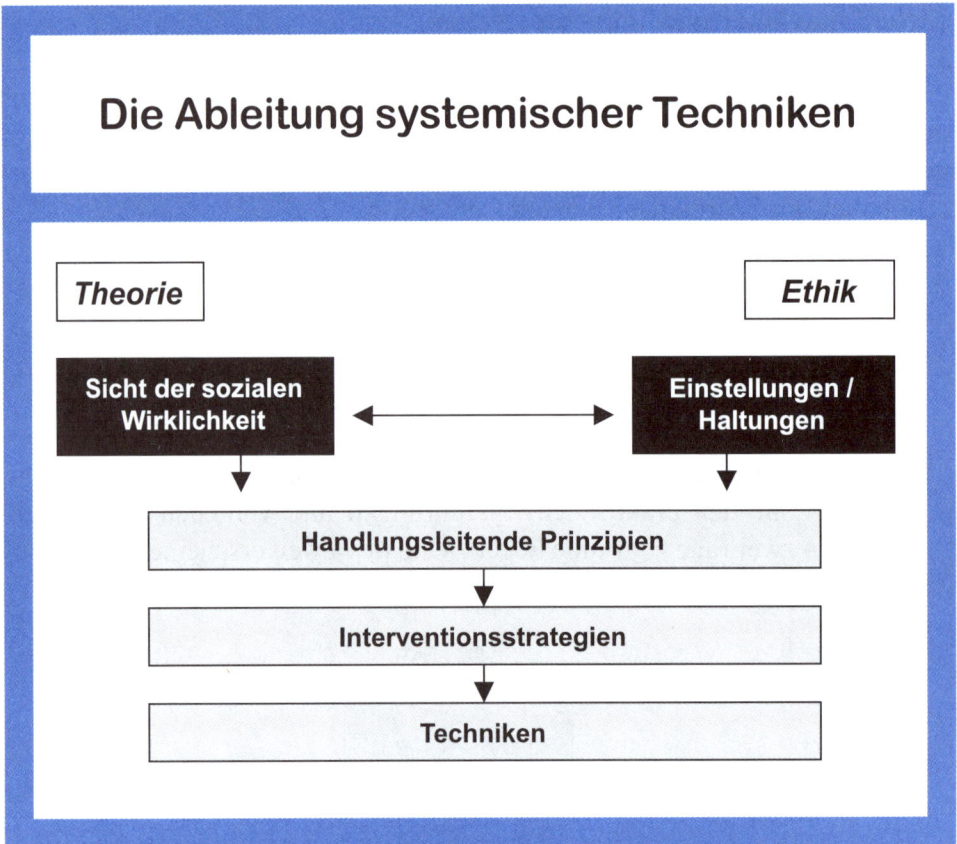

Abb. 74

5.1.1 Systemische Haltungen

Im folgenden versuchen wir, die systemischen Haltungen, die uns für Coaching-Prozesse wesentlich erscheinen, in Thesenform theoretisch abzuleiten:

Komplexität und Offenheit sozialer Strukturen und Prozesse

1. Aus der Einsicht in die Komplexität und Offenheit sozialer Strukturen und Prozesse und in die Begrenztheit unseres menschlichen Wahrnehmungs- und Erkenntnisvermögens ergibt sich für den systemisch orientierten Coach:

Bescheidenheit

➢ eine Haltung der Bescheidenheit in Bezug auf die Richtigkeit seiner Erkenntnisse und die Übertragbarkeit seiner Erfahrungen auf Andere;

Offenheit und Neugier für unterschiedliche Ideen und Sichtweisen

➢ die Offenheit und Neugier für unterschiedliche Ideen und Sichtweisen, die Freude an ihrer Vielfalt und zur Lust am Austausch und an der Auseinandersetzung unterschiedlicher Wirklichkeitsbeschreibungen und -konstruktionen, Hypothesen und Meinungen.

Zusammenfassung und Auswertung

- eine gesunde Skepsis, ja Respektlosigkeit gegenüber scheinbaren Gewißheiten und absoluten Wahrheitsansprüchen - bei allem Respekt für die Personen, die sie formulieren;
- das pragmatische Bemühen, nicht so sehr nach „wahren", sondern vielmehr nach „nützlichen" Erkenntnissen zu streben und weniger nach „richtigen", sondern eher nach „brauchbaren" Lösungen zu suchen.

Skepsis gegenüber absoluten Wahrheitsansprüchen

Nützliche Erkenntnisse und brauchbare Lösungen

2. Ein systemisch orientierter Coach geht von der gut begründeten Annahme aus, daß die individuellen menschlichen Systeme (also die MitarbeiterInnen) ebenso wie die Subsysteme (d.h. die Arbeitsgruppen, Teams und Projekte), mit denen er es zu tun hat, aber auch die Gesamtorganisation, in der er wirkt, im Laufe ihrer Entwicklung, im Austausch und in der Auseinandersetzung mit ihrer Umwelt, eine hohe Fähigkeit zur Selbstorganisation und Selbststeuerung erworben haben und von daher grundsätzlich über alle erforderlichen Ressourcen verfügen, um zu überleben, sich weiterzuentwickeln und ihre Probleme selber zu lösen – wenngleich diese Ressourcen in bestimmten Situationen durch verfestigte, nicht mehr angemessene Verhaltensmuster und Organisationsstrukturen blockiert sein können und dann gelegentlich eines Impulses von außen bedürfen, um wieder zu fließen.

Fähigkeit zur Selbstorganisationen und Selbststeuerung

Daraus ergibt sich für ihn:

- eine grundsätzliche Haltung der Wertschätzung für alle Personen, Gruppen und Organisationen, mit denen er zu tun hat, der Anerkennung für ihre bisherigen Leistungen und Bemühungen und des Respektes vor ihrer Autonomie;
- eine interessierte respektvolle Neugier für die Vielfalt, Unterschiedlichkeit und Widersprüchlichkeit von Mustern in Systemen und für alle bisherigen kreativen, verrückten oder leidvollen Versuche der Problemlösung;
- das grundsätzliche Vertrauen in die Problemlösungsfähigkeit und die dazu erforderlichen Ressourcen in Systemen, das ihm ermöglicht, seinen Blick weniger auf Mängel, sondern eher auf Fähigkeiten zu richten und auch in problematischen Strukturen und Verhaltensweisen positive Ansätze zu erkennen, sowie Defizite als entwicklungsbedürftige und -fähige Potentiale zu definieren;
- ein Aufgabenverständnis, das darin besteht Systeme anzuregen und dabei zu unterstützen, blockierte und verschüttete Ressourcen zu reaktivieren und weiterzuentwickeln und dazu notfalls auch festgefahrene Verhaltensmuster und hemmende Kommunikationsstrukturen zu „verstören", um sie zu einer eigenständigen und eigenverantwortlichen Lösung ihrer Probleme zu motivieren und zu befähigen.

Wertschätzung

„Respektvolle Neugier"

Vertrauen in die Problemlösungsfähigkeit in Systemen

Festgefahrene Verhaltensmuster „verstören"

3. Ein systemischer Coach weiß aus Erfahrung, daß eine zu lange und ausführliche Beschäftigung mit Problemen, mit ihrer Entstehungsgeschichte, ihren Hintergründen und Auswirkungen, leicht zu einer problemstabilisierenden und -verschärfenden Selbsthypnose führen kann,

Problemstabilisierende Selbsthypnose oder Zukunftsvisionen

nach dem Motto „Es ist ja völlig ausweglos" und „Es hat ja alles keinen Sinn". Während die Beschäftigung mit Zukunftsvisionen und erreichbaren Zielen offenbar andere Gehirnzellen in Bewegung setzt und uns leichter für Veränderungen zu motivieren und unsere dazu erforderlichen Ressourcen zu mobilisieren vermag. Und er ist skeptisch, ob uns die Beschäftigung mit den „tieferen Ursachen" von Problemen zu den Faktoren führt, die diese Probleme „wirklich" auslösen und aufrecht erhalten, oder uns nicht lediglich wieder mit unseren eigenen gedanklichen Konstruktionen über diese Probleme und ihre Hintergründe konfrontiert, was heißen würde, daß wir uns dabei nur im Teufelskreis unserer eigenen Problemsicht weiterdrehen.

Aus dieser These ergibt sich für ihn, in der Verbindung mit den ersten beiden Thesen der Auftrag:

Fokus auf Zukunft
➢ seinen Fokus stärker auf die Zukunft seiner PartnerInnen und auf die Lösung ihrer Probleme zu richten, als auf die Probleme selbst und deren Vergangenheit und

klare Ziele
➢ diese PartnerInnen dabei zu unterstützen, klare eigene Ziele zu formulieren und selber die Schritte zu ihrer Verwirklichung daraus abzuleiten.

Interessengegensätze und Konflikte
4. In jedem sozialen System gibt es unterschiedliche und z.T. gegensätzliche Sichtweisen, Erwartungen und Interessen, die immer wieder neu aufeinander abgestimmt werden müssen, um die Funktionsfähigkeit des Ganzen zu sichern - wobei diese Abstimmung nicht immer ein harmonischer Ausgleich sein kann, sondern häufig und vor allem in Krisensituationen, die auf einen erhöhten Veränderungsbedarf hinweisen, konflikthafte Auseinandersetzungen mit sich bringt. Der Coach steht im Spannungsfeld dieser Unterschiede und muß sich klar darin positionieren.

Dreifache Neutralität:
Das erfordert von ihm eine Haltung der Neutralität bzw. Unparteilichkeit und zwar in dreifacher Hinsicht:

gegenüber Personen
➢ gegenüber den Personen, mit denen er in seiner Funktion zu tun hat (z.B. den verschiedenen MitarbeiterInnen, für die er zuständig ist, den Mitgliedern eines Teams, das er leitet, den TeilnehmerInnen einer Coachinggruppe, die er berät).

gegenüber Problemen
➢ gegenüber den Problemen, die ihm mitgeteilt werden, und die er nicht vorschnell negativ bewerten und zur schnellstmöglichen Beseitigung freigeben sollte und

gegenüber Ideen
➢ gegenüber den Ideen seiner Coachees, ihren Einstellungen und Werthaltungen, ihren Problemdefinitionen und Lösungsvorstellungen, die von ihm nicht einseitig als „gut" oder „schlecht" bewertet werden sollten (*Schlippe/Schweitzer* 1996: 120).

Aus diesen Grundhaltungen lassen sich folgende handlungsleitende Prinzipien entnehmen:

Zusammenfassung und Auswertung

5.1.2 Handlungsleitende Prinzipien

> - Der Coachee ist ein Kunde und der Kunde ist kundig d.h. er weiß im Grunde, was er braucht und was er will. Aufgabe des Coach ist es daher nur, ihn bei der Formulierung und Realisierung seiner Ziele zu unterstützen und ihm u.U. dabei zu helfen, sich bewußt zu machen, was er eigentlich will.
> - Coachen heißt, viele Fragen stellen und wenig Antworten geben, d.h. Aufgabe des Coach ist es vor allem, seine PartnerInnen durch Fragen dazu zu bringen, die Antworten selber zu finden. Coaching ist daher ein Anwendungsfeld der sokratischen Hebammenkunst.
> - Coaching ist Hilfe zur Selbstorganisation und Selbstbestimmung. Aufgabe des Coach ist es daher, die von ihm gecoachten Systeme dazu zu bringen und dabei zu unterstützen, die Lösungen für ihre Anliegen und Probleme selber zu finden und in Handlungsschritte umzusetzen, statt sie ihnen vorzugeben und ihnen damit die Verantwortung dafür abzunehmen.
> - Coaching ist ein ständiger Prozeß des Hypothesierens, ein permanentes Problemlösungsverfahren nach dem Prinzip von Versuch und Irrtum.
> - Coaching ist ein dauernder Versuch, Komplexität durch das Aufspüren von Handlungsmöglichkeiten und -optionen zu erhöhen und durch Auswahl und Entscheidung wieder zu reduzieren.
> - Coaching verlangt von Seiten des Coaches einen respektvollen, wertschätzenden und ressourcenorientierten Umgang mit seinen Coachees.
> - Coaching ist ein ziel- und lösungsorientiertes Verfahren.

Der Kunde ist kundig

Fragen stellen und sokratische Hebammenkunst

Hilfe zur Selbstorganisation

Hypothesieren

Komplexität erhöhen und reduzieren

Respektvoller Umgang

Ziel- und lösungsorientiert

5.1.3 Reflexion und Diskussion

Wir schlagen Ihnen nun vor, sich eine Viertelstunde einzeln mit folgenden Fragen zu beschäftigen:

> - Wie kommt dieser Katalog von Haltungen und Prinzipien bei mir an? Welchen stimme ich voll zu? Welche rufen meinen Widerspruch hervor oder lösen Fragen und Zweifel bei mir aus?
> - Wie passend und nützlich finde ich sie für meine eigene Tätigkeit als Coach?

und sie anschließend in Kleingruppen zu besprechen, bevor wir sie noch einmal im Plenum diskutieren.

Kleingruppen

Eine solche Plenumsdiskussion könnte noch folgende Ergänzungen und Klärungen erbringen:

Plenumsdiskussion

❒ Die Offenheit und Neutralität gegenüber unterschiedlichen Sichtweisen und Meinungen sollte nicht in Beliebigkeit ausarten und darf daher nicht so mißverstanden werden, als ob der Coach keine eigene Position zeigen und keinerlei Stellung beziehen dürfe. Um seiner eigenen Glaubwürdigkeit willen wird er jedenfalls in Fragen, die für ihn selbst von zentraler ethi-

Keine Beliebigkeit

153

scher Bedeutung sind, also wenn ihm sein Coachee z.B. von eigenen Intrigen gegen Kollegen oder Vorgesetzte berichtet, klar seine Position markieren - dabei aber gleichzeitig versuchen, seinem Partner zu vermitteln, daß er ihn deshalb nicht in der Gesamtheit seiner Person ablehnt, sondern sich darum bemüht, die Motive und Erfahrungen zu verstehen, die ihn zu diesem Verhalten geführt haben. In der Regel wird er allerdings mehr Erfolg haben, wenn er mit ihm die möglichen Auswirkungen seiner Einstellungen und Verhaltensweisen reflektiert, als wenn er diese moralisch verurteilt; also z.B. mit ihm erarbeitet, was er mit seinem Verhalten eigentlich erreichen will, und ob es dafür wirklich zielführend ist, oder ob nicht der Versuch einer konstruktiven persönlichen Auseinandersetzung auch für ihn befriedigender sein könnte. Denn nicht nur in privaten, sondern auch in beruflichen Zusammenhängen, stehen hinter den meisten Handlungen, die andere Menschen verletzen und massiv in ihre Rechte eingreifen, eigene Enttäuschungen und Verletzungen sowie verdeckte und fehlgeleitete Wünsche nach Wertschätzung und Anerkennung. Auf keinen Fall erscheint es uns mit der Rolle als Coach vereinbar, seine Autorität zu nutzen, um vom Coachee ein Verhalten zu erzwingen, zu dem er nicht bereit ist - es sei denn, eine dritte Person ist unmittelbar und existentiell bedroht - womit dann allerdings zugleich die Coaching - Beziehung endet.

Die sokratische „Hebammenkunst", Fachfragen und Sachinformationen

☐ Die sokratische Hebammenkunst, das sog. „mäeutische" Verfahren bedeutet nicht, daß der Coach ausschließlich fragt und keinerlei Informationen und Erklärungen liefert und jede Anregung, jeden Vorschlag unterläßt. Hilfreich ist dabei aber folgende Unterscheidung:

➤ Geht es um reine **Fachfragen und Sachinformationen**, so gehört es nach unserem Verständnis zur Aufgabe des Coachs, seinen PartnerInnen sein Wissen zur Verfügung zu stellen. Ob er dies durch eigene Erläuterungen und kurze theoretische Exkurse und evtl. sogar durch eigene Unterrichts- oder Fortbildungseinheiten tut, oder durch den Hinweis auf einschlägige Literatur und auf andere Informationsquellen, hängt dann von der jeweiligen Situation ab;

Einschätzungen und Bewertungen

➤ Geht es dagegen um **Einschätzungen und Bewertungen** oder um Lösungen, Handlungen und Entscheidungen in Bezug auf die berufliche Aufgabe und Tätigkeit des Coachee, sollte die Regel sein, ihn möglichst durch Fragen „auf die Sprünge zu helfen" und falls man ihm ausnahmsweise selber einen Vorschlag unterbreitet, dies eher in Form eines offenen, unverbindlichen Angebots zu tun, z.B. mit Formulierungen, wie: „Was halten Sie davon, wenn...." oder: „Ich könnte mir vorstellen, daß..." bzw.: „Mir kommt da so eine Idee... Wie finden Sie die?", um so zu vermeiden, dem Gegenüber etwas „unterzujubeln" und ihm die Entscheidung abzunehmen.

Das methodische Vorgehen

➤ **Das methodische Vorgehen** im Coaching-Prozeß, die Art zu fragen, der Einsatz bestimmter Übungen, Spiele etc. bleibt dagegen ganz in der Verantwortung des Coach, denn das ist sein Hauptbeitrag, den er auftragsgemäß aufgrund seiner kommunikativen, beraterischen Kompetenz zu leisten hat. Dabei wird er selbstverständlich das Ein-

Zusammenfassung und Auswertung

verständnis seiner PartnerInnen einholen, bevor er bestimmte erlebnisintensive Methoden, wie Rollenspiele und Skulpturen einsetzt.

❏ Mit „Verstörungen" sind hier keine provokativen und manipulativen Hauruck-Methoden gemeint, wie sie in manchen Selbsterfahrungsgruppen und Psychosekten praktiziert werden, sondern die eher sanften Formen der Verunsicherung und der Einladung zu neuen Sichtweisen, die wir gestern erläutert haben, wie Hypothesen und zirkuläre Fragen, Skulpturen und Reframing.

Sanfte „Verstörungen"

❏ Lösungsorientiertes Vorgehen heißt nicht, eine Beschäftigung mit den Hintergründen und der Entstehungsgeschichte eines Problems rundweg abzulehnen. Zum einen kann es sein, daß der Ratsuchende sich in seinem Leiden nicht ernst genommen und mißachtet fühlen würde, wenn er keine Gelegenheit hätte, seine Enttäuschungen, Verletzungen und vergeblichen Veränderungsversuche mitzuteilen und zu reflektieren, bevor er sich auf die Suche nach wirklichen Problemlösungen begeben kann. Und es kann auch sein, daß es für das Selbstbild, für die Identität einer Person wichtig ist, ihr eigenes bisheriges Handeln besser zu verstehen und einordnen zu können. Ein ressourcen- und lösungsorientiertes Vorgehen hieße dann in einem solchen Fall, mit ihm zwar sein Bild von der Vergangenheit zu erkunden, aber diesen „Blick zurück" auch dazu zu nutzen, verborgene Ressourcen und mögliche Lösungsansätze zu entdecken, die zwar noch nicht zum Tragen gekommen sind, aber für einen neuen Versuch genutzt werden könnten. Dabei könnten Fragen hilfreich sein, wie:

Beschäftigung mit dem Problem

➢ Wann war das Problem etwas weniger belastend für Sie? Oder wann konnten Sie etwas besser damit umgehen? Haben Sie eine Idee warum? Was haben Sie da gemacht?

➢ Was hat Sie bisher darin gehindert, Ihre Fähigkeit zur ... die ich bei Ihnen wahrnehme, für eine Veränderung Ihres Problems einzusetzen?

❏ Seinen Coachingpartner zur Formulierung eigener Ziele und zum Finden eigener Lösungen zu bewegen, kann für einen coachenden Vorgesetzten natürlich nicht heißen, seine eigenen Erwartungen, die sich aus seiner Rolle als Vorgesetzter ergeben, zurückzuhalten. Seine Aufgabe ist es vielmehr

Rolle als Vorgesetzter

➢ ihn einerseits klar mit den unabdingbaren Erwartungen der Organisation zu konfrontieren und

➢ ihm andererseits ebenso klar zu vermitteln, daß er von ihm eine eigene Positionierung zu diesen Erwartungen und selbständige Überlegungen wünscht, wie er diese Erwartungen mit seinen eigenen Vorstellungen zur Deckung bringen kann.

➢ Das wird in der Regel zu konstruktiven Vorschlägen führen, wie die MitarbeiterIn ihre eigenen Ziele innerhalb des ihr gesetzten Rahmens so weit und so gut wie möglich verwirklichen kann und im Ausnahmefall eine möglichst einvernehmliche berufliche Veränderung (z.B. eine Versetzung oder eine Kündigung) zur Folge haben.

Zusammenfassung und Auswertung

Engagierte Unparteilichkeit

❐ Die geforderte Neutralität des Coach darf nicht als vornehme Zurückhaltung oder gar als distanziertes Desinteresse mißverstanden werden. Gemeint ist vielmehr eine engagierte Unparteilichkeit, die den Coachees den Eindruck vermittelt, daß der Coach an ihrer Person und ihrer beruflichen Entwicklung interessiert ist und sich ihnen daher voll zuwendet, zugleich aber im Spannungsfeld unterschiedlicher Erwartungen nicht Partei ergreift, sondern sich um eine Klärung und Vermittlung unterschiedlicher Standpunkte und Interessen bemüht. Das gilt für den Vorgesetzten, wenn er verschiedene seiner MitarbeiterInnen coacht, aber ebenso wenn er sich bei einer einzelnen MitarbeiterIn darum bemüht, mit ihr deren Ziele und die der Organisation zur Deckung zu bringen. Und es gilt entsprechend für externe BeraterInnen und zwar nicht nur, wenn sie ein Führungskräfteteam coachen, sondern immer dann, wenn sie sich zwischen den Erwartungen ihrer Coachee und der Organisation, die sie bezahlt, in einer für alle Beteiligten transparenten Weise positionieren müssen.

An den coachenden Vorgesetzten stellt diese Neutralität allerdings besonders hohe Anforderungen, da er zugleich zwischen seinen eigenen Erwartungen als Vorgesetzter und seiner Rolle als Coach und den damit verbundenen Erwartungen sozusagen „in der eigenen Brust" vermitteln und diese Vermittlung seinem Coaching-Partner durchsichtig machen muß.

5.2. Back-home Übung

Wir schlagen Ihnen nun eine Übung vor, die Ihnen Gelegenheit geben soll, darüber nachzudenken, was Sie dann, wenn Sie in Ihren beruflichen Alltag zurückkehren, mit dem anfangen werden, was wir Ihnen hier auf diesem Workshop vermittelt haben und welche Anregungen Sie gerne konkret in Ihre eigene berufliche Praxis umsetzen möchten.

Ein Spaziergang...

Suchen Sie sich bitte eine GesprächspartnerIn und begeben Sie sich gemeinsam auf einen Spaziergang von einer Stunde. Auf dem Hinweg hat der eine Partner die Aufgabe, den anderen zu interviewen und zwar zu folgenden Fragen:

Zusammenfassung und Auswertung

Back-home Fragen

❒ Was waren für Dich die interessantesten und wichtigsten neuen Anregungen aus diesem Workshop?
❒ Welche dieser Anregungen reizen Dich besonders, sie in Deiner eigenen beruflichen Arbeit umzusetzen?
❒ Was wäre eine geeignete Situation und ein geeigneter Anlaß, um dies ein erstes Mal auszuprobieren?
❒ Stell Dir vor, es ist Anfang nächster Woche und Du bist wieder in Deiner Arbeit. Was wäre der erste konkrete Schritt, um dieses Vorhaben zu verwirklichen?

Abb. 75

Auf dem Rückweg tauschen Sie dann die Rollen des Interviewers und des Interviewten.

5.3 Auswertung/Feed-back

Liebe Teilnehmer und Teilnehmerinnen, wir hoffen, Sie konnten einige nützliche und brauchbare Anregungen für Ihre Arbeit aus unserem Workshop für Ihren Arbeitsalltag mitnehmen. Wir hoffen natürlich auch, daß Ihnen unserer gemeinsamer Arbeitsprozeß Spaß gemacht hat. Eine Bitte hätten wir an Sie noch: Gutes Coaching ist lebendiges Feedback, wie Sie ja nun wissen, auch wir würden uns über ein solches von Ihnen freuen. Umseitig sehen sie ein von uns vorgeschlagenes Raster, das Sie ausfüllen, kopieren und an einen von uns schicken oder faxen könnten.

Gutes Coaching ist lebendiges Feed-back

Vielen Dank! Und jetzt wünschen wir Ihnen einen gute Rückkehr an Ihren Arbeitsplatz und Sie wissen schon: Denken Sie darüber nach, was sich alles in der nächsten Zeit in Ihrer Organisation ändern wird und mit was Sie heute schon beginnen wollen.

Zusammenfassung und Auswertung

Was ich Ihnen sagen möchte ...

Zu den theoretischen Inhalten.....	Zu den praktischen Inhalten.....
➢	➢ ....
➢	➢ ....
➢	➢ ....
➢	➢ ....
➢	➢ ....
➢	➢ ....
➢	➢ ....
➢	➢ ....
➢	➢ ....
➢	➢ ....
➢	➢ ....
➢	➢ ....
➢	➢ ....
➢	➢ ....
Zur Aufmachung und grafischen Erläuterung.......	**In bezug auf die Brauchbarkeit für meinen Arbeitsalltag...**

Fax Nr.: 0 89/39 96 75 (M. Fischer)
         0 81 57/53 91 (P. Graf)

Die Autoren

Michael Fischer: Studium der Sozialarbeit/Sozialpädagogik mit dem Schwerpunkt Jugend- und Erwachsenenbildung. Anschließend mehrere Jahre Tätigkeit in einer Notunterkunft im Münchner Norden mit Jugendlichen und deren Familien. In dieser Zeit (Anfang bis Mitte der 80ger Jahre) Planung, Entwicklung und Durchführung von Bildungsmaßnahmen für Jugendliche und junge Erwachsene im Übergang von Schule und Beruf. Nach einer Supervisoren- und systemtherapeutischen Zusatzausbildung als freiberuflicher Coach, Supervisor und Organisationsberater in unterschiedlichen Feldern des öffentlichen und privat-wirtschaftlichen Sektors tätig.

Pedro Graf: Studium der Rechts- und Politikwissenschaften, Zusatzausbildung in psychodramatischem Rollenspiel und systemischer Organisationsberatung. Hauptberuflich als Professor im Fachbereich Sozialwesen der Fachhochschule München tätig mit den Arbeitsschwerpunkten: Jugendhilferecht, Kommunalpolitik/Gemeinwesenarbeit, Soziale Organisation, Planung und Management. Freiberuflicher Fortbildner, Supervisor, Team- und Organisationsberater bei Trägern und Einrichtungen des Sozial-, Bildungs- und Gesundheitswesens.

Schwerpunkt Management

Stand Oktober 2000

Michael Fischer, Pedro Graf
Coaching
2. überarbeitete Auflage 2000
160 Seiten, kartoniert
75 Abb. / Graf. / Checkl.
49,80 DM
368,- ÖS / 46,- sFr / 25,80 EUR
ISBN 3-934 214-58-4

2. überarbeitete Auflage

Hans Dietrich Engelhardt, Pedro Graf, Gotthart Schwarz
Organisationsentwicklung
2. überarb. Auflage 2000
164 Seiten, kartoniert
60 Abb. / Graf. / Checkl.
49,80 DM / 368,- ÖS / 46,- sFr / 25,80 EUR
ISBN 3-934 214-45-2

2. überarbeitete Auflage

Gregor Beck
Controlling
2. Auflage 1999
160 Seiten, kartoniert
50 Abb. / Graf. / Checkl.
49,80 DM
368,- ÖS / 46,- sFr / 25,80 EUR
ISBN 3-934 214-01-0

Neuauflage

Hans Dietrich Engelhardt
Organisationsmodelle
2. überarb. Aufl. 1999
144 Seiten, kartoniert
34 Abb. / Graf. / Checkl.
49,80 DM
368,- ÖS / 46,- sFr / 25,80 EUR
ISBN 3-934 214-14-2

2. überarbeitete Auflage

Waldemar F. Kiessling, Peter Spannagl
Corporate Identity
2. Auflage 2000
114 Seiten, kartoniert
37 Abb. / Graf. / Checkl.
49,80 DM
368,- ÖS / 46,- sFr / 25,80 EUR
ISBN 3-934 214-60-6

Neuauflage

Reinhilde Beck, Gotthart Schwarz
Personalentwicklung
1997
160 Seiten, kartoniert
93 Abb. / Graf. / Checkl.
49,80 DM
368,- ÖS / 46,- sFr / 25,80 EUR
ISBN 3-934 214-44-4

Reinhilde Beck, Gotthart Schwarz
Konfliktmanagement
2. Auflage 2000
134 Seiten, kartoniert
51 Abb. / Graf. / Checkl.
49,80 DM
368,- ÖS / 46,- sFr / 25,80 EUR
ISBN 3-934 214-54-1

Neuauflage

Gotthart Schwarz, Reinhilde Beck
Personalmanagement
1997
160 Seiten, kartoniert
70 Abb. / Graf. / Checkl.
49,80 DM
368,- ÖS / 46,- sFr / 25,80 EUR
ISBN 3-934 214-43-6

Pedro Graf, Maria Spengler
Leitbild und Konzeptentwicklung
3. überarb. erweit. Aufl. 2000
124 Seiten, kart.
50 Abb. / Graf. / Checkl.
49,80 DM / 368,- ÖS / 46,- sFr / 25,80 EUR
ISBN 3-934 214-55-X

3. erweiterte Auflage

Monika Bobzien, Wolfgang Stark, Florian Straus
Qualitätsmanagement
1996
130 Seiten, kartoniert
30 Abb. / Graf. / Checkl.
49,80 DM
368,- ÖS / 46,- sFr / 25,80 EUR
ISBN 3-934 214-42-8

Susanne Grabowski
Multimediale Seminargestaltung
1995, 150 Seiten, kartoniert
98 Abb. / Graf. / Checkl., Vierfarbdruck
49,80 DM
368,- ÖS / 46,- sFr / 25,80 EUR
ISBN 3-934 214-46-0

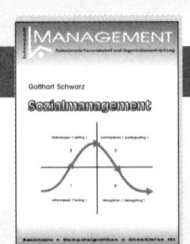

Gotthart Schwarz
Sozialmanagement
3. Auflage 1999
128 Seiten, kart.
36 Abb. / Graf. / Checkl.
49,80 DM
368,- ÖS / 46,- sFr / 25,80 EUR
ISBN 3-934 214-02-9

3. Auflage Pilot der Reihe

Fordern Sie den aktuellen Verlagskatalog an oder sehen Sie ins Internet: www.ziel.org

Bestellungen bitte an:

(D) HEROLD Verlagsauslieferung GmbH
Kolpingring 4, 82041 Oberhaching/München
Tel. (089) 61 38 71-0, Fax (089) 61 38 71-20

(A) AS-Bartsch-Höller GmbH, Verlagsservice
Schaldorferstraße 16, A-8641 St. Marein/Mzt.
Tel. (0 38 64) 67 77, Fax (0 38 64) 38 88

(CH) Engros-Buchhandlung Dessauer
Räffelstr. 32 / Postfach, CH-8036 Zürich,
Tel. (01) 463 32 55, Fax (01) 463 32 95

(Online) http://www.ziel.org (E-Mail: verlag@ziel.org)

... und bei Ihrem Buchhändler!